KB058990

아직 나를 만나지 못한 나에게

ⓒ 변지영, 2015

이 책의 저작권은 저자에게 있습니다.
저작권법에 의해 보호를 받는 저작물이므로
저자의 허락 없이 무단 전재와 복제를 금합니다.

아직 나를
만나지 못한
나에게

Arthur Schopenhauer

삶의 관점을 바꿔주는 쇼펜하우어 철학에서 찾은 인생의 해법!

변지영 지음

비즈니스북스

아직 나를 만나지 못한 나에게

1판 1쇄 발행 2015년 10월 15일
1판 2쇄 발행 2015년 10월 30일

지은이 | 변지영
발행인 | 홍영태
발행처 | (주)비즈니스북스
등 록 | 제2000-000225호(2000년 2월 28일)
주 소 | 04030 서울시 마포구 동교로 134(서교동 464-41) 미진빌딩 5층
전 화 | (02)338-9449
팩 스 | (02)338-6543
e-Mail | bb@businessbooks.co.kr
홈페이지 | http://www.businessbooks.co.kr
블로그 | http://blog.naver.com/biz_books
트위터 | @bizbookss
페이스북 | thebizbooks
ISBN 979-11-86805-01-5 03190

* 잘못된 책은 구입하신 서점에서 바꾸어 드립니다.
* 책값은 뒤표지에 있습니다.
* 비즈니스북스는 독자 여러분의 소중한 아이디어와 원고 투고를 기다리고 있습니다.
  원고가 있으신 분은 bb@businessbooks.co.kr로 간단한 개요와 취지, 연락처 등을 보내 주세요.
* 비즈니스북스에 대한 더 많은 정보가 필요하신 분은 홈페이지를 방문해 주시기 바랍니다.

인생은 짧고 진실은 멀리 전달되며
오래도록 살아남는다.
우리는 진실을 얘기하도록 하자.
_쇼펜하우어, 《의지와 표상으로서의 세계》 초판 서문 중에서

들어가며

살아있다는 것은
가능하다는 것이다

불안은 어디에서 오는가?

우리의 불안은 서구에서 말하는 불안Anxiety과 그 속성이 다르다. 개인Individual이라는 더 이상 쪼갤 수 없는 고유한 단위의 속성에서 비롯된 서구의 불안은 일반적으로 실존적 불안에 가깝다. 반면 현대 한국 사회의 불안은 그 속사정이 좀 복잡하다. 이 얘기부터 짚어보아야 우리는 이 시대의 불안과 고통, 혼란과 복잡한 욕망들을 제대로 이해할 수 있다.

나는 그동안 '불안'이라는 단어로 자신의 마음 상태를 표현하는 사람들을 10대에서부터 70대에 걸쳐 두루 만나 보았다. 불안하다는 말을 달고 사는 그들은 대개 '미래를 알 수 없어' 불안하다고 한다. 그리고 한 발 더 나아가 '자신이 무엇을 원하는지 몰라' 불안하다고 한다.

열심히 노력하면 사회적, 경제적 성취를 보장받을 수 있었던 과거에는 '생각하기'에 앞서 공부를 하거나 일을 해야 했다. 우리 사회에서 개인의 목소리나 욕구가 중요한 때가 있었던가. 그보다는 항상 집단의 힘과 속도, 일사불란하게 움직여 제한된 시간 안에 효율적인 결과를 내는 것이 중요한 문화에서 우리는 성장했다. '내가 원하는 것' 혹은 '나는 누구이며 어떻게 살 것인가'를 생각하기 전에 항상 먼저 해야 하는 과제들이 있었다.

자신이 원하는 것을 정확히 알지 못한 상태에서 늘 무언가를 해야 했기에 늘 과도하게 한다. 나중에 어떻게 될지 모르기 때문에 이것도, 저것도 배우고 챙겨두는 것이다. 버릴 것과 하지 않을 것을 구분하지 못하고, 남들이 하니까 또는 해둬야만 한다니 우리는 늘 뭔가를 하고 있다. 그것의 시작은 학업이었고, 나중에는 일이 되었다.

한편 부모들의 삶은 어땠는가? 자식 뒷바라지와 가족의 안정적 생계를 위해 오직 '역할'로만 평생을 살아온 분들이다. 현재 70~80의 나이에 접어든 분들은 대개 정신없이 생활을 꾸려오느라 못다 이룬 꿈을 자식 교육으로 대체하며 살아온 경우가 대부분이다. 부모들은 '희생'하는 역할로 살아왔고, 그런 부모의 기대에 맞추느라 30~50대 역시 자신의 존재를 돌보지 못하며 '착한 자식' 역할로 살아왔다. 양쪽 모두 존재적 성장을 못 이루기는 마찬가지인 것이다.

이렇게 이 땅의 성인들 대부분은 '역할'로서만 그 자리에 있었을 뿐 '자기 자신'으로 존재하지 못했다. 그래서 우리는 50에 가까운 나이가 되도록 삶의 방향을 고민하고 정체성을 되묻곤 하는 것이다. 10대의 발달 과업을 사회문화적 속도 때문에 제때 이수하지 못하고 나이만 먹었다고 하면 지나친 표현일까?

부모는 부모대로 스스로를 소외시켰고 자식은 자식대로 소외되었다. '가족'이라는 이름 아래 모였지만 서로의 역할을 잘해낼 때에만 말썽이 없다. 있는 존재 그대로가 아니라 '역할'로 살아온 우리들은 결국 '역할'을 잃게 될까 봐, 불필요한 존재가 될까 봐 두려워하는 불안의 노예가 되었다.

불안에 휩싸인 부모들은 또다시 아이들을 잡는다. 하루 종일 얼마나 공부를 열심히 하는지 감시하면서 말로는 "너희들이 잘 되기를 바라기 때문"이라고 하지만 사실은 자신의 불안과 죄책감을 숨기기 위해 아이들을 감옥에 밀어넣는 것이다. 이렇듯 우리는 3대에 걸쳐 불안을 전수받아 불안을 키워왔다.

경쟁으로 그동안 얻은 것은 무엇인가?

나에 대한 탐색, 너에 대한 발견과 이를 기반으로 이루어지는 진정한 관계. 이런 것들을 제쳐두면서 달려온 당신이 얻은 것은 무엇인가? 학교에서는 좋은 직업을 얻기 위해 최선을 다해 공부했고, 직장에서는 최대한 많은 돈을 벌기 위해 밤낮없이 일을 해왔으며, 결혼해서는 '우리 가족'만 바라보고 있는 당신의 곁에는 과연 무엇이 남아 있는가? 당신은 지금 스스로의 삶에 만족하고 있는가? 당신이 노력한 만큼, 기대한 만큼 다 얻었는가? 아니면 앞으로 더 얻을 수 있다고 생각하는가? 혹시 그저 미래에 대한 자금 계획만 세우면서 돈의 노예, 미래의 노예로 살아가고 있는 것은 아닌가?

지금 많은 이들이 겪고 있는 불안은 단순히 노후에 대한 불안, 미래에 대한 불안만은 아니다. '나는 어떤 사람이고, 무엇을 원하며, 어떻게 살아갈지' 같은 정체성에 대한 고민 단계는 생략한 채 정해진 기간 안에 과제를 완수하기 위해 앞만 보고 달려 온 삶의 후유증이다. 왜 해야 하는지 모르면서 항상 뭔가를 해야만 했던 무수한 날들의 보복이라고 해도 과언이 아니다.

동시에 부모나 가족, 학교와 지역사회에서 손가락질 받지 않기 위해 주어진 역할만 충실히 하면서 살아온 데서 생겨난 '역할 상실'에 대한 불안이기도 하다. 항상 잘해야 집단에서 밀려나지 않는다는 두려움에 사로잡힌 우리는 뭐든지 너무 잘하려고 한다. 그래서 더욱 불안하다. 내쳐질까 봐, 못하게 될까 봐, 그래서 역할을 잃게 될까 봐.

누구 하나 자신의 목소리에 제대로 귀를 기울이는 사람이 없다. 불안하기 때문에 들을 여유가 없고, 늘 주어진 과제가 먼저였기에 들을 시간도 없다. 우리는 모두 자신의 진정한 욕구, 원하는 것을 파악하는 데 무척이나 미숙하다. 동시에 자신의 감정조차 있는 그대로 느끼지 못한다. 내 감정을, 그 이면의 욕구를 억눌러야 집단에 잘 적응할 수 있고, 집단과 하나가 되어 앞으로 나아갈 수 있었기 때문이다.

그로 인해 우리가 얻은 것은 결과적으로 '미숙한 개인'이다. 자신의 감정 상태를 잘 이해하고 적절히 대처하는 것이 아니라 감정을 억압한 채 과업을 수행하고, 집단에 동조하면서 살아온 많은 이들은 자신의 감정을 제대로 느끼지 못한다.

감정에는 욕구가 깃들여 있다. 오랫동안 감정을 억압한 채 살아온 사람은 대개 자신이 무엇을 원하는지 알지 못한다. 그래서 해야 할 일들을 먼저 하느라 시간을 흘려보내다 뒤늦게 혹독한 방황을 겪기도 한다.

우리는 항상 계획을 세우며 살아왔다고 여기지만 정작 계획 이전에 필요한 '무엇을 원하는지'를 생각하는 과정은 생략해왔다. 자신에 대한 탐색이 덜 된 상태에서 스스로 원했던 것이라 믿어온 것들은 대부분 사회문화적으로 용인된 착각, 겉으로 좋아 보이는 모습에 불과하다.

나를 만나러 가는 길, 아직 늦지 않았다

이 책은 평생 혼자 살면서 지독하게 인간의 '고통'을 탐구했던 쇼펜하우어의 지혜를 빌려 우리에게 필요한 메시지를 정리한 결과물이다(본문 왼쪽 페이지에는 쇼펜하우어의 핵심 문장을, 오른쪽 페이지에는 해설을 덧붙였다).

쇼펜하우어는 '이성적이고 합리적인 존재'로 인간을 바라보던 기존의 주류 철학에 저항해 "이성은 인간의 충동을 합리화하는 부수적인 기능에 불과하다."고 주장했다. 내게는 그의 인생관, 인간관이 아주 설득력 있게 들렸다. 왜냐하면 그의 철학은 인간 고통의 근원을, 내면의 밑바닥을 이야기하고 있기 때문이다. 그는 '얻어야 할 것, 지켜야 할 것'을 이야기하는 게 아니라 '버려야 할 것, 내려놓아야 할 것'을 이야기한다. 불안해서 모든 것을 미리 준비하고, 다 갖추어야 시작할 수 있다고 믿는 현대인에게 뼈아픈 일침을 가한다.

내가 누구인지, 어디로 가는지 알기 위해 우리에게는 방향이 필요하다. 우리는 흔히 그 방향을 '목표' 또는 '계획'이라 부른다. 목표를 잘 세우고, 계획을 잘 짜는 법에 대한 지침은 너무나 많다. 하지만 내가 누구인지 알지 못한 상태에서 세우는 목표가, 계획이 진정 내 삶의 방향이 될 수 있을까?

인간은 욕구한 것을 계획하지, 계획한 대로 욕구하지 않는다. 만약 당신의 계획이 얼마 못가 자꾸 바뀌고 어그러진다면, 계획에 문제가 있었던 것이 아니라 아마도 당신이 정말 원하는 것을 파악하지 못해서였을 수도 있다. 아직 자신에 대해 제대로 알지 못하고 있는 것이다. 그러므로 불안에 쫓겨 더 많은 계획을 세우고 바쁘게 일을 벌이기 전에, 자신을 자세히 들여다보고 내면의 목소리에 귀를 기울여야만 한다.

내면의 목소리는 어느 누구도 같지 않기에 경쟁의 영역이 아니다. 우리에게 진짜 소중한 것은 경쟁을 통해 이뤄내는 것이 아니다. 경쟁으로 얻을 수 있는 것은 아주 미약하고 그 기쁨 또한 오래 지속되지 않는다.

이 시대의 불안을 녹이기 위해 우리에게 필요한 것은 '철학'이다. 내 감정과 욕구를 들여다보고 적절하게 표현하는 능력, 그것을 배울 수 있는 철학을 평생 연구한 사람이 쇼펜하우어다. 이성보다는 본래 타고난 의지를, 지식보다는 예술을, 논리보다는 직관을 강조했던 쇼펜하우어는 결국 '비합리적'인 우리가 어떻게 나다운 삶의 방향을 찾고 불안에서 해방될 수 있는지 그만의 독특한 처방을 제안한다.

내가 하고 싶은 것과 해야 할 것이 분리되어 불안을 일으키지 않고, 있는 그대로의 나를 받아들이게 하는 지혜에 한번 귀 기울여보자. 나를 만나러 가는 여정은 언제 시작해도 늦지 않다.

살아있다면, 가능한 것이다.

변지영

일 러 본문에 인용한 쇼펜하우어의 글은 모두 그의 저서 《의지와 표상으로서의 세계》Die
두 기 Welt als Wille und Vorstellung와 《소품과 부록》Parerga und Paralipomena에서 발췌한
것이며, 각각의 출처는 발췌문 하단에 별도로 표기했다. 원서에 관한 좀 더 자세한
내용은 참고문헌 참조.

아르투어 쇼펜하우어
Arthur Schopenhauer, 1788~1860

독일의 철학자. 1788년에 태어난 쇼펜하우어는 성공한 사업가였던 아버지로부터 물려받은 유산으로 평생 검소하고 철저하게 규칙적인 삶을 살며 철학과 저술 활동에만 전념했다. 쇼펜하우어는 칸트의 대표적인 제자로 꼽히기도 하지만 독특한 성격과 성장 환경, 인도 철학의 영향으로 자신만의 독자적 철학을 형성했다고 평가받는다.

불과 서른의 나이에 대표작《의지와 표상으로서의 세계》를 집필했으나 당시에는 전혀 주목받지 못했다. 쇼펜하우어는 인간의 이성과 의식을 우위에 놓지 않고 비합리적인 면에 초점을 맞추어, 세상은 우리가 머릿속에 그린 그림인 '표상'에 불과하며 인간을 본능적 '의지'에서 벗어날 수 없는 존재로 보았다. 19세기 초반 당시 독일은 고전적 관념론을 대표하는 헤겔의 시대였고, 인간은 '이성적이고 합리적 존재'로서 장밋빛 미래를 내다보는 낭만적 분위기로 가득했기에, 쇼펜하우어의 인간관은 당시로서는 참으로 불쾌하기 짝이 없는 주장이었다.

쇼펜하우어의 철학이 세상의 인정을 받게 된 것은 그가 사망하기 9년 전인 1851년《소품과 부록》이라는 저서를 내면서다. 유럽

등지에서 1848년 혁명이 실패로 끝나면서 독일의 헤겔학파로 대표되던 낙관론은 무너졌고 염세주의의 물결이 휩쓸었다. 특히 인간의 존재, 그 자체에 대해 끊임없이 질문을 던졌던 예술가와 문학가 들에게 쇼펜하우어의 영향력은 대단했는데, 그를 만나기 위해 독일을 방문했을 정도다. 바그너는 자신의 오페라 〈니벨룽의 반지〉를 쇼펜하우어에게 헌정해 그를 향한 한없는 존경을 표했으며, "쇼펜하우어는 인간들 중 가장 천재적인 인물이다."라고 말했던 톨스토이의 서재에는 쇼펜하우어의 초상화 한 점만 유일하게 걸려 있었다고 한다. 한편 니체는 쇼펜하우어를 읽고 나서 철학자가 될 결심을 했고, 비트겐슈타인은 자신의 첫 번째 철학이 쇼펜하우어적인 인식론적 관념론Schopenhauerian epistemological idealism이었다고 밝히기도 했다.*

---

* Engel, S.M. 1969. Schopenhauer's Impact on Wittgenstein. *Journal of the History of Philosophy*, 7(3).

차 례

Arthur Schopenhauer

제1장

우연

삶의 뒷문으로 들어오는 것들

Arthur Schopenhauer

세상의 영광스러운 것들은 대부분

무대 위 장면처럼

겉으로 드러나는 쇼에 불과하다.

#소품과 부록

진실은 언제나
보이지 않는 곳에 있다

Arthur Schopenhauer

신중하고 분별 있는 삶을 살기 위해, 경험으로부터 얻은 가르침들을 모두 끄집어내기 위해서는 내가 행동한 것과 경험하고 느낀 것을 가끔씩 돌이켜 생각해볼 필요가 있다. 과거의 생각과 현재의 생각을 비교하고, 이전에 세웠던 계획과 성취하려고 애썼던 것, 그리고 실제 얻은 결과와 만족감 등을 비교해본다. 이를 반복하면 경험으로부터 개별 수업을 받는 것이나 다름없다. 생각을 기록해두는 데 가장 효과적인 것은 일기를 쓰는 것이다.

#소품과 부록

과거가 곧
미래가 되는 이유

. . . . .

경험이 곧 지혜가 된다면 나이가 들면서 누구나 성인이나 현자가 될 것이다. 하지만 현실은? 결코 그렇지 않다.

경험을 많이 해도 성숙해지기 힘든 것은 우리가 반성을 생략하고 스스로 적당히 속이면서 앞으로만 나아가려 하기 때문이다. 우리는 실수한 것, 부끄러운 것, 실패한 것에 대해 떠올리거나 되짚어보기보다는 앞으로 잘할 수 있는 것, 좋아질 수 있는 것만을 생각하고 싶어 한다. 그래서 과거의 잘못이나 실수를 반복하면서도 미래에는 달라질 것이라는 헛된 희망을 품는다.

Arthur Schopenhauer

우리가 가진 것 중 이성이 가장 현명한 것은 아니다. 중요한 한 발을 내딛는 결정적인 순간에, 무엇을 해야 옳은지 분명한 지식이나 정보를 바탕으로 행동에 옮기지 않는다. 오히려 존재의 가장 깊은 근원에서 나오는 본능, 내면의 충동을 통해 결정한다. 한참 지나 살아온 길을 돌아볼 때에 비로소, 보이지 않는 무언가에 이끌려왔다는 것을 깨닫게 된다.

#소품과 부록

보이지 않는 것이
이끈다

:
:

우리는 흔히 감성보다 이성을 믿는다. 자신의 느낌보다는 머리로 생각한 것을 신뢰한다. 하지만 치열하게 고민하고 치밀하게 계산했다고 하는 것들이 사실은, 이미 감정으로 내린 판단을 합리화하기 위한 결과물일 때가 많다.

이성적인 생각은 우리를 안심시킨다. 그래서 우리는 자꾸 느끼기 전에 생각부터 하려고 한다. 흥미로운 것은 알아차리든 알아차리지 못하든 그 생각들 속에 이미 감성적 편향과 선입견이 들어 있다는 사실이다.

Arthur Schopenhauer

어릴 때에는 삶을 이끄는 중대한 사건이나 인물들이 우렁찬 드럼과 트럼펫 소리를 동반하며 등장하리라 기대한다. 하지만 나이가 들어 돌아보면 그런 일이나 인물들 모두 아주 조용히, 거의 눈에 띄지 않게 뒷문으로 살짝 들어왔다는 사실을 알게 된다.

#소품과 부록

삶을 바꾸는
결정적 사건들

소설이나 영화, 드라마를 많이 봐서일까? 우리는 항상 드라마틱한 순간이나 기회를 기다린다. 운명적인 상대를 만나 사랑에 빠지고, 내 삶의 의미를 찾게 될 결정적인 사건이 일어나야 비로소 삶의 방향을 바꿀 수 있다고 믿는다. 하지만 시간이 흐른 후 돌아보면 그런 요란한 이벤트들은 자주 일어나지 않았음을 알게 된다. 조용하다 못해 시시한 하루하루가 대부분인 삶이었지만 사실은 곳곳에 커다란 의미가 숨어있었음을 시간이 한참이나 흘러서야 깨닫곤 한다. 내 삶을 움직일 중요한 일은 언제나 조용히 뒷문으로 들어온다.

Arthur Schopenhauer

생각은 스스로 오는 것이지, 내가 하고자 한다고 되는 것이 아니다. 우리가 어떤 문제를 생각하겠다 마음먹고 시간을 정한다고 해서 그 시간에 딱 맞추어 생각이 척척 펼쳐지지는 않는다. 생각의 기차는 언제나 예고 없이 찾아와 갑작스럽게 활발히 움직인다. 그러면 우리는 깊은 관심을 갖고 올라탄다. 성찰도 마찬가지로 찾아올 시간을 스스로 택한다.

#소품과 부록

생각은 예고 없이
찾아온다

생각은 인연과 마찬가지로 간절히 원한다고 만나지는 것이 아니다. 어느 날 계단을 오르다 갑자기, 잠자리에서 일어나자마자 불현듯 떠오르기도 한다. 내가 원하는 순서대로 되는 것도 아니요, 계획한 대로 진행되는 것도 아니다.

잘못 들어선 길에서 뜻하지 않은 보물을 발견하는 것처럼 엉뚱한 생각 속에서 헤매다가 원하던 해답과 맞닥뜨리기도 한다. 기다림과 무르익음, 생각은 이것을 필요로 한다. 항상 '빨리빨리, 지금 당장' 서둘러 할 줄만 아는 사람들은 그래서 정작 진짜 자신을 만나지 못한 채 아까운 시간을 흘려보내는 경우가 많다.

006

Arthur Schopenhauer

멀리서 보던 풍경은 가까이 다가갈수록 변모하며 예상치 못했던 그림을 펼쳐 보인다. 우리가 바라는 것에도 정확히 이런 현상이 일어난다. 애초에 찾으려던 것과 다른, 오히려 더 나은 것을 찾기도 한다. 그리고 길을 잘못 접어들어 생각지도 못했던 곳에서 원하던 것을 우연히 발견하기도 한다.

#소품과 부록

멀리서는 결코
보이지 않는 것들

:
:
:

삶은 예측할 수 없어 아름답다. 잘못 들어선 길에서, 전혀 기대하지 않았던 인연을 만나 삶의 방향이 바뀌기도 하고, 정말 하기 싫었던 일을 하다가 그 일이 천직임을 깨닫기도 한다.

20대에는 30대가 두렵지만 30대가 되면 40대가 부담스러워진다. 하지만 막상 겪어보면 생각했던 것과 또 다르다. 예측은 항상 벗어나고, 우리는 지나고 나서야 그 의미를 알게 된다. 무엇이든 부딪혀봐야 내게 맞는지, 맞지 않는지 알 수 있다.

Arthur Schopenhauer

삶과 꿈은 같은 책 속에 있는 각각의 다른 페이지들이다. 책을 한 페이지 한 페이지 차례로 읽어나가다 하루가 저물고 나면 우리는 종종 게으르게 이 쪽 저 쪽, 특별한 방법이나 관련성 없이 펼쳐본다. 꿈은 대개 우리가 이미 읽어본 페이지에 해당하지만 때로는 아주 새로운 것일 수도 있다. 하지만 결국 같은 책을 보고 있는 것이다.

#의지와 표상으로서의 세계

꿈은
삶의 연장선이다

⋮

어떤 꿈을 꾸었는지, 꿈에 무엇이 나왔는지 구체적으로 기억하지
는 못해도, 그 속에서 내가 느꼈던 감정이 생생하게 느껴지면서 마
음속에 응어리져 있던 무언가가 해소되고 편안해질 때가 있다. 화
가 난 것을 억누르고 있던 사람은 꿈에서 공연히 누군가에게 화를
내기도 하고, 슬픔을 느낄 새 없이 일만 하던 사람이 꿈에서는 엉엉
울기도 한다. 그런가 하면 만나지 못했던 사람을 만나기도 하고 할
수 없었던 일들을 해내기도 한다. 꿈은 평생 내가 나 자신에게 선사
하는 특별한 선물이다.

008

Arthur Schopenhauer

작은 일부터 큰일에 이르기까지

모든 일은

일어날 필요가 있기 때문에 일어난다.

#소품과 부록

모든 일에는
이유가 있다

．
．
．
．

젊은 시절에는 즐겁고 기쁜 것, 행복한 삶을 좇다 현실과의 괴리로 좌절하는 일이 많다. 하지만 나이가 들면서 점점 그런 달콤함이 아닌 경험이 주는 지혜, 그 자체를 감사히 여기게 된다. 그제야 비로소 삶이 즐거움과 행복을 위한 것이 아니라 건강하게 잘 '극복'해내는 것, 큰 탈 없이 잘 마무리하는 것이라는 걸 깨닫게 된다. 그렇기에 젊은 사람들은 자꾸 주위를 두리번거리며 바깥세상에서 무언가를 찾으려 하고, 나이가 들수록 자신을 돌아보면서 삶의 의미를 찾는 데 비중을 두는 것이다.

Arthur Schopenhauer

삶이란

젊은 사람에게는 끝없는 미래처럼 보이지만

나이가 많은 사람에게는 짧은 과거처럼 느껴진다.

#소품과 부록

미래를 사는 사람,
과거를 사는 사람

젊은이들은 한 치 앞도 예상하기 힘든 미래가 막막하고 불안하다고 얘기하지만 그것은 시선이 미래를 향해 있기 때문이다. 젊은 사람에게 삶은 곧 '미래'를 의미한다. 지금 하는 일이 나중에 어떤 일로 이어질지, 지금 만나는 사람과 계속 함께할 수 있을지 항상 미래를 의식한다. 한없이 크고 무겁게만 느껴지는 미래는 현재를 잠식해, 삶이 준비만 하다 끝나는 것처럼 느껴지기도 한다.

반면 나이가 많은 사람에게 삶은 '과거'다. 좋았던 시절, 그리운 사람들을 생각하며 항상 시선이 과거를 향해 있다. 그래서 그들에게는 삶이 휙 지나와버린 것처럼 아주 짧게 여겨진다.

위대한 사상가의 철학에 대해 그 가치를 완전하고도 분명하게 드러내는 것보다 결함이나 잘못을 지적하는 일이 훨씬 쉽다. 결함들은 특징적이고 몇 개 안 되어 이해하는 것이 가능하지만 천재들이 남긴 흔적의 뛰어남은 헤아릴 길 없고 무한하므로. 천재들은 세월이 지나도 늙거나 죽는 것이 아니라 오랜 세월에 걸쳐 우리에게 좋은 스승이 된다.

#의지와 표상으로서의 세계

위대한 사상가는
사라지지 않는다

이론에는 대개, 그것을 주창한 사람의 삶에서 우러나온 시각이 담겨 있다. 오래 전에 세상을 떠난 사상가의 글을 읽으며 우리는 그 사람의 지성과 재능에 감탄하기도 하지만 그 사람의 삶이 어떠했는지, 어떻게 그러한 글을 쓰게 되었고 그런 논리를 세우게 되었는지 알아가면서 더욱 깊은 감동을 받는다.

이런 만남은 시공을 초월한 깊은 교감이어서 마치 그 사람과 내가 오래전부터 알고 지내온 듯한 친밀감을 느낄 때도 있다. 때로는 곁에 있는 사람보다 더 생생하게 나에게 영향을 끼치기도 한다. 이것이 책이 주는 위대한 선물이다. 깊이 생각한 이들의 말과 글은 세월을 넘나들며 살아 움직인다. 가장 어리석은 것은 그런 책들을 통해 배우려 하기보다 단점을 찾아내고 비난하려는 태도다.

Arthur Schopenhauer

제2장

기쁨

항상 만족하는 사람들의 특징

Arthur Schopenhauer

명랑함이 우리의 문을 노크할 때에는
문을 활짝 열어야 한다.

명랑함을 맞이하기에 적절하지 않을 때란 없다.
하지만 우리는 종종 문을 활짝 열기보다는
그래야 하는지 말아야 하는지 주저한다.

#소품과 부록

명랑함은
최고의 능력이다

명랑함이야말로 복잡한 생각할 필요 없이 직접적이고 즉각적으로 행복을 얻을 수 있는 가장 확실한 것이다.

어린 아이들은 울다가도 금세 웃을 정도로 참 쉽게 명랑해진다. 그런데 별 것 아닌 일에도 자지러지게 웃던 아이들이 왜 어른만 되면 엄숙하고 무거운 얼굴을 하게 되는 것일까? 마치 분명한 이유가 있어야만 밝게 웃을 수 있다는 듯이 말이다.

원하는 것을 이루면 행복해질 거라 믿으며 늘 계획하고 궁리하지만 정작 행복이 다가올 때는 알아차리지 못한다. 명랑함은 인간이 가질 수 있는 최고의 능력이다. 행운을 알아보는, 행복을 알아차리는 능력이다.

012

Arthur Schopenhauer

인간의 가장 큰 즐거움은 내면의 힘에서 나온다. 행복은 우리가
어떤 사람인가에 달려 있는데도 사람들은 대개 재산과 명성을
기대하면서 운명이나 행운만 바라본다. 하지만 내면이 풍요로워
지면 이런 외부적인 요구는 덜 하게 될 것이다.

\#소품과 부록

만족하지 못하는
진짜 이유

．．．．．
．

나의 시선은 어디를 향하고 있는가? 같은 곳에 있어도 마음은 제각
각 다른 춤을 춘다. 인간의 고통도 즐거움도 자신의 마음에서 나오
기에 선각자들은 늘 마음을 보라고 한다.

마음을 본다는 것은 자신과 마주한다는 것이다. 사람들은 자신이
무엇을 원하는지 모르겠다고 하면서도 정작 자신의 마음을 들여다
보려 하지 않는다. 자신의 마음과 내면의 이야기는 외면한 채 항상
다른 사람들을 만나고, 무언가를 얻고 배우기 위해 부지런히 뛰어
다닌다. 그렇기에 늘 무언가를 열심히 하면서도 결코 만족하지 못
한다.

Arthur Schopenhauer

바보들은 온갖 모임과 극장, 여행; 오락거리를 찾아다니며 지루함에서 벗어나려 기를 쓴다. 하지만 현명한 사람들은 온전히 혼자 있을 때에도 자신의 생각과 상상력만으로 아주 재미있게 보낼 수 있다. 선하고 온건한 기질을 가진 사람은 부족한 환경에서도 행복하지만, 탐욕스럽고 질투심이 많으며 심술궂은 사람은 세상에서 제일 부자라고 해도 비참한 삶일 것이다.

#소품과 부록

풍요로움 속에서도
비참한 사람들

⋮

내면이 충만한 사람은 타인에게서 무언가를 얻고자 기대하지 않는다. 혼자 있어도 즐겁고 친구들과 있어도 즐겁다. 왜 저 사람이 나를 이렇게 대하는지, 왜 나에게 잘해주지 않는지, 상대가 어떻게 행동하거나 반응하든 마음을 두지 않는다.

내면이 공허한 사람은 신나는 곳에 가서 맛있는 것을 먹고 사람들과 즐기면서도 끊임없이 새로운 것을 찾으려 애쓴다. 그러다가 사소한 갈등이라도 벌어지면 사람들과 싸우다 갈라서고 또 다른 무리를 찾아나선다. 이런 사람은 항상 자신에게 유리한 것을 주는 사람이나 감각적인 즐거움만을 좇다 싫증내기를 반복한다. 누구를 만나 무엇을 하든 만족과 감사를 느끼지 못한다.

Arthur Schopenhauer

우리는 자신이 가지고 있지 않은 것에 대해 '아, 이것이 내 것이라면!' 하면서 아쉬워한다. 하지만 그 대신 이미 가지고 있는 것들을 보면서 '만약 이것이 내 것이 아니라면?'이라고 반대로 생각하는 편이 낫다. 재산이나 건강, 친구 또는 사랑하는 사람이나 애완동물에 대해 우리는 늘 잃어버리고 나서야 그 소중함을 깨닫는다.

#소품과 부록

잃어버린 후에야
깨닫는 것들

. . . . .

항상 지나서야 알고, 잃어버린 뒤에야 가치를 깨닫게 된다. 내가 가지지 못한 장점이나 능력을 가진 사람을 부러워하고, 나에게 넘치는 것을 가지려 하거나 감당할 수 없는 목표를 세우고 해내기 위해 전전긍긍한다. 또한 스스로를 새롭게 변화시키겠다고 무수한 '현재'의 시간들을 흘려보내다가, 사실은 그 '현재'에 답이 있었다는 것을 뒤늦게 알게 된다.

당신은 지금,

여기에 살고 있는가?

Arthur Schopenhauer

지혜로운 인간은

자신이 운명의 손바닥 안에 있다는 걸 곧 깨닫게 된다.

운명의 가르침에 따라 자신의 삶이 빚어지는 것을

순순히 받아들인다.

그들은 삶에서 얻을 수 있는 열매가

행복이 아니라 경험이라는 것을 안다.

그러므로 희망이 아닌

지혜를 얻는 것에 만족하게 된다.

#소품과 부록

나를
받아들인다는 것

지나고 나면 알게 된다. 왜 그때 그런 사람들을 만나고, 그런 일을 겪었는지를. 그래서 삶은 버둥대며 끌고 가는 것이 아니라 삶에 나 자신을 간신히 적응시켜 나가는 것이 그나마 내가 할 수 있는 것임을 깨닫게 된다. 그런데 그것이 결코 쉽지 않다. 내가 맺어온 인연과 삶의 작은 결과들을 그대로 받아들이는 것이 사실은 가장 어렵다. 받아들이지 못해 다른 것, 더 나은 것을 찾아헤매다 젊음을 허비하는 경우도 많다.

삶에서 이뤄야 할 진정한 성취가 있다면, 그것은 더 나은 사람이 되는 것이 아니라 지금 있는 자리에서 온전한 나로 존재하는 것이다. 나는 나로서 충분하다.

Arthur Schopenhauer

인간이 원래 가지고 있는 것, 그것이 행복에서 가장 중요한 요소이다. 정신이 비어 있고 영혼이 가난한 사람들은 자신과 비슷한 사람들을 친구로 삼아 함께 즐길거리를 찾아다닌다. 각종 오락과 놀이로 감각적 즐거움을 쫓아다니다가 결국엔 방탕한 생활에 빠지게 된다. 부잣집에서 태어나 막대한 유산을 물려받은 사람이 이런 이유로 아주 짧은 시간에 가산을 탕진해버리는 경우도 많다. 정신이 너무나 가난하고 공허해 자신의 존재에 쉽게 싫증을 내는 것이다. 부자로 태어났으나 내면은 빈곤해 물질적인 것으로 내면의 궁핍을 보상받으려고 노력하지만 실패한다. 내적으로 가난한 자는 결국 외적으로도 가난하게 된다.

#소품과 부록

마음이 가난하면
방법이 없다

사람들은 많은 것을 갖추고도 만족하지 못하고 방황한다. 끊임없이 다른 것을 기웃거리고, 새로운 일에 몰두해도 내면의 공허는 쉽게 채워지지 않는다. 사람들을 만나도 돌아가는 길에는 늘 허전함이 밀려온다. 갖고 싶었던 물건을 사도 기쁨은 잠시뿐이고, 여행을 떠나도 뭔가 부족한 느낌을 지울 수 없다.

마음이 가난한 것은 아무리 노력해도 외부에서 채울 수 없다. 마음은 오직 마음으로 들여다보고 마음으로 채워야 한다. 마음을 채운다는 것은 어떤 의미일까?

017

Arthur Schopenhauer

평범한 사람들은 자신의 행복을 재산과 지위, 배우자와 아이들, 친구와 모임 등 외부에 맡긴다. 그래서 이 중 뭔가를 잃어버리거나 싫증이 나면 행복의 기초가 무너진다. 그의 무게 중심은 자기 자신이 아니라 항상 바라는 것에 따라 이동하는 것이다.

#소품과 부록

당신의 무게 중심은
어디에 있는가?

⋮

나의 무게 중심은 어디에 있는가? 나의 행동들은 어떤 목표를 이루기 위해 혹은 인정받고 사랑받기 위해서가 아니었을까? 내가 좋은 사람이라는 것을 보여주기 위해 살아온 것은 아닐까?

최악의 대답은 아마도 아이 때문에, 부모 때문에 혹은 가족 때문에 산다고 하는 대답일 것이다. 다른 사람에게 삶의 무게 중심을 두는 사람은 그 자체로 위험하다. 무게 중심이 흔들려 삶의 의미가 한 순간에 무너져버릴 수 있기 때문이다.

자기 자신에게서 즐거움을 찾을수록 더 행복하다. 운명은 잔혹하고 인간은 가엾지만 이런 세상에서 내면이 풍요로운 자는 12월의 눈 내리는 밤에 밝고 따뜻한 방에서 행복하게 크리스마스를 즐기는 것에 비유할 수 있다. 그러므로 지구상에서 가장 행복한 운명을 가진 자는 의심할 바 없이 풍부한 내면의 개성을 갖춘 사람이다.

#소품과 부록

나의 개성이
타인의 개성을 존중한다

∶
∶
∶

혹독한 눈보라가 휘몰아치는 겨울 밤, 어느 집 창문 너머 방안에서 노래를 부르는 아이의 모습을 떠올려보라. 살벌하고 혹독한 바깥 세상과 달리 마음은 밝고 고요하다.

내면이 강하다는 것은 이런 명랑함을 항상 가슴 한구석에 가지고 있다는 것이다. 자신의 개성을 있는 그대로 받아들여 자신을 잘 이해하고 있는 사람은 타인의 다름도 받아들일 줄 안다. 이해관계나 상대방에 대한 나의 기대가 관계를 방해하지 않기에 누구는 좋다, 누구는 나쁘다 식의 비평 또는 선입견 없이 상대방을 있는 그대로 대할 수 있다.

Arthur Schopenhauer

정신적인 풍요를 추구하는 지적인 생활은 지루함을 느끼지 않게 해줄 뿐만 아니라 지루함으로 인한 해로운 결과도 피할 수 있게 해준다. 예를 들어 나쁜 친구들과 어울리지 않도록 해주고, 세속에서의 행복만을 추구하는 경우 맞닥뜨리게 될 많은 위험과 불행, 손실과 낭비에서 멀어지게 해준다. 내 철학은 나에게 단 한 푼도 가져다주지 않았지만 대신 불필요한 지출을 하지 않게 해주었다.

#소품과 부록

철학이
내게 주는 것

항상 무언가를 해야 직성이 풀리는 우리들은 더 많이 일하고, 더 많이 배우고, 더 많이 가지려 한다. 하지만 혼자 있을 때 충분히 즐거워할 줄 아는 능력은 좀처럼 키우기 쉽지 않다. 물론 어느 정도 타고나는 사람도 있지만 대개 자신과 세상을 잘 들여다본 사람일수록 시끄러운 세상일에 어느 정도 거리를 두면서 자신이 있는 곳을 환하게 밝히는 데에 충실히 한다.

철학은 내가 있는 자리에서 나로 살아간다는 것에 대해 질문하고 답하는 것이다. 세상에 대해, 사람에 대해 묻지만 사실은 나와의 대화인 셈이다.

Arthur Schopenhauer

내면이 풍요로운 사람은 밖에서 받을 것이 없다. 오로지 방해 받지 않는 '여가'라는 소극적인 선물을 바랄 뿐이다. 여가 시간에 그는 자기 내면의 역량을 발전시키고 성숙시키며 자신의 풍요를 즐긴다. 그에게는 자기 자신이 될 수 있는 시간만 주면 된다.

#소품과 부록

여가를
즐길 줄 아는 사람

성숙한 사람은 여백의 시간에 무엇을 해야 할지 알고 있다. 많은 돈과 노력을 들여 계획하지 않아도 무엇이 자신을 가장 즐겁게 하는지 잘 알고 있기 때문이다. 그들은 조용히 물러나 책을 읽거나 음악을 듣기도 하고 멀리 산책을 나서기도 한다. 자신이 좋아하는 재료로 무언가를 만들기도 하고 글을 쓰거나 그림을 그리기도 한다. 그동안 만나지 못했던 옛 친구를 찾아가 차 한 잔 나누거나 가족들을 위해 오랜만에 요리를 하기도 한다. 마음이 풍요로운 사람들에게는 천천히 여가를 누릴 줄 안다는 공통점이 있다.

사소한 일에도 자주 화내는 사람이 있는가 하면 쉽게 즐거워하는 사람도 있다. 전자는 열 번 중 아홉 번을 성공해도 기뻐하지 않으며 그 한 번의 실패에 대해서 화를 낼 것이고, 후자는 단 한 번의 성공에도 자신을 위로하며 즐거워할 것이다.

#소품과 부록

즐거워하는 사람에게
즐거운 일만 일어나는 이유

. . .

작은 일에도 즐거워하고 감사해 하는 사람이 있는가 하면, 별 것 아닌 일에도 쉽게 우울해 하거나 화를 내는 사람이 있다. 어떤 일이 일어났을 때 그것을 받아들이고 대처하는 모습은 각양각색이다. 하지만 그 일을 어떻게 느끼고 생각하는가에 따라 행복과 불행이 나뉘고, 이런 해석이 쌓여 결국 성공 또는 실패라는 의미를 새기게 된다. 그러므로 마음이 충만한 사람에게는 기쁘고 즐거운 일이 자주 생기고, 항상 불평, 불만을 늘어놓는 사람에게는 불만족스럽고 마음이 불편해지는 일이 끊이지 않는다.

Arthur Schopenhauer

인간의 행복과 행운은 나무에 비유할 수 있다. 멀리서 보면 아름답지만 막상 당신이 그 나무에 올라간다면 어느새 아름다움은 사라지고 더 이상 감동을 느끼지 못한다. 이것이 우리가 종종 다른 사람을 부러워하는 이유다.

#소품과 부록

결과만 보고
타인을 부러워하지 마라

自신이 그려오던 삶의 모습을 이미 갖춘 사람을 보면 대개 호감을 느끼고 부러워한다. 하지만 그 사람에게도 분명히 자신의 내면을 들여다보며 고심했던 이전의 시간들이 있다. 그 시간들이 차곡차곡 쌓여 지금의 모습을 만들었다는 것을 잊고, 현재의 성취만 부러워한다면 우리는 지금 이 자리에서 한 발짝도 나아가지 못할 것이다. 정작 내게 있는 소중한 면들을 보지 못하고 먼 곳만 동경하다 뒤늦게 그 순간이 소중했음을 깨닫고 후회하게 된다.

Arthur Schopenhauer

제3장

고독

혼자는 왜 여럿보다 나은가?

Arthur Schopenhauer

자기 자신에게 만족하고 부족함을 느끼지 않는 사람, 바라는 것이 없는 사람이야말로 가장 행복할 자격이 있는 사람이다. 인간은 혼자 있을 때에만 비로소 자신일 수 있다. 홀로 있을 때, 가엾은 인간은 자신을 가엾이 여기고, 위대한 사람은 자신을 위대하게 느낀다. 본연의 자신이 되기 때문이다.

#소품과 부록

혼자 있을 때라야
진정한 자기 자신이 된다

혼자 있는 것을 싫어하는 사람은 내면이 공허해 혼자서는 제대로 즐기지 못한다. 혼자 있는 시간을 피하는 이유는 외부에서 자극을 받으려는 경우도 있지만 자기 자신을 마주하는 것 자체가 두렵기 때문이기도 하다.

혼자 있으면 우울한 나, 불안한 나, 두려운 나, 화가 난 나를 직접 감당해야 한다. 객관적으로 자신을 보는 것이 익숙하지 않은 사람은 혼자 있는 모든 순간이 낯설고 난감할 수밖에 없다. 그러나 나를 외면하면서 타인을 진정으로 이해할 수 있을까? 온전한 관계를 유지할 수 있을까?

Arthur Schopenhauer

사람들은 고독을 피해 새로운 사람들을 만나러 다닌다. 내면의 공허를 핑계로 멀리 여행을 가기도 한다. 그들은 늘 마음이 쾌활하기를 원하고 스스로 그렇지 못하다고 느낄 때마다 술이나 뭔가 자극적인 것으로 탄력을 얻고자 한다. 이처럼 고독을 피하려다 술꾼이 되는 경우도 많다. 끊임없이 자극을 찾아다니지만 곧 다시 무감각한 상태에 빠져버리기도 한다. 따라서 인간의 사교적 본능은 사회를 사랑해서라기보다는 고독을 두려워하는 것에서 비롯된다.

#소품과 부록

혼자가 두려워
사교적인 것이라면

누구나 즐거운 일, 밝고 명랑한 사람을 좋아한다. 쉽게 의기소침해지거나 자주 우울해지는 사람일수록 나를 기쁘고 신나게 해주는 친구를 만나고 싶어 한다. 다른 사람에게서 그런 기운을 얻지 못하면 무언가를 사러 돌아다니거나, 여행을 하거나, 그도 안 되면 술을 마시면서라도 위안을 얻으려고 한다.

외부에서 무언가를 얻으려고 하면 나의 빈 공간은 더 초라하게 느껴진다. 그래서 더 강한 자극을 얻고자 자꾸 반복하게 된다. 내면의 공허함을 사람으로 채우려고 하는 것을 혹시 스스로 사교적이고, 사회적이라고 착각하고 있지 않은가?

Arthur Schopenhauer

사회는 불과 비슷하다.

현명한 사람은 적당한 거리를 두고

사람들의 온기를 쬐지만

어리석은 자는 너무 가까이 다가가 화상을 입는다.

그러고 나서 도망치고 고독에 부르르 떨며

화상을 입었다고 큰 소리로 불평을 해댄다.

#소품과 부록

사람들 사이에
거리가 필요한 이유

· · ·
· ·
·

가까이에 있는 사람에게는 무관심하면서 거리로 뛰쳐나가 목청을 높이는 사람을 신뢰할 수 있을까? 내가 있는 자리에서 곁에 있는 사람에게 관심을 갖는 것이 사회적 관심이다. 나를 상대의 입장에 대입하면서 비교하고 판단하는 것이 아니라 그는 그대로 나는 나대로 존재하면서 동행하는 것이다. 적절한 거리를 두면서 서로를 인정하고, 각자의 생각을 나눌 수 있을 때 비로소 진정한 관계를 형성할 수 있다.

혼자 있어도, 함께 있어도 좋은 사람이 진정한 친구가 될 수 있다. 사회적 관심을 갖는다는 것은 내 옆 사람의 즐거움과 괴로움, 고통과 슬픔을 있는 그대로 인정해주는 것이다.

026

Arthur Schopenhauer

질투는 그들이 얼마나 불행한가를 보여준다.
다른 사람들이 무엇을 하고 무엇을 하지 않는지
끊임없이 관심을 갖는 것은
자신의 삶이 지루하기 때문이다.

#소품과 부록

삶이 지루해
질투하는 사람들

자신에 대해 잘 알고 있는 사람은 질투하지 않는다. 자신에게 무엇이 필요한지를 알며, 부족한 것은 스스로 채워나갈 수 있다는 믿음이 있기 때문이다. 반면 자신에 대해 잘 알지도 못하고 원하는 것이 무엇인지도 막연한 사람은 자꾸 다른 사람이 무엇을 하며 어떻게 살고 있는지 구경만 하기 때문에 쉽게 질투를 느낀다. 그들이 볼 수 있는 것은 오로지 드러난 결과뿐이기 때문이다.

Arthur Schopenhauer

혼자 있는 것은 나이에 따라 다르게 받아들여진다. 젊었을 때에는 세상으로부터 버림받은 느낌이 드는 반면, 나이가 들면 세상으로부터 벗어난 느낌이 든다. 전자의 불쾌한 느낌은 세상을 잘 모르는 데서 오고, 후자의 즐거움은 세상을 잘 아는 데서 기인한다.

#소품과 부록

2015
비즈니스북스 도서목록

모두에게 잘하려고 애쓰지 마라!
진짜 중요한 일곱 사람에게 집중하라!

살아가는 데 꼭 필요한 사람을 만나는 지혜

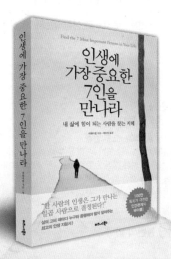

**인생에 가장 중요한
7인을 만나라**

리웨이원 지음 | 허유영 옮김 | 값 15,000원

한 사람의 인생은 그가 만나는 일곱 사람에 의해 결정된다. 저자는 '사람 부자'가 되는 것보다 더 중요한 것은 누구에게나 좋은 사람이 되기보다 자신에게 정말로 도움이 되는 사람을 찾아 시간과 노력을 집중하는 것이라고 강조한다.

니스북스 서울시 마포구 동교로 134(서교동 464-41) 미진빌딩 5층 | 전화 (02)338-9449 | 팩스 (02)338-6543

전 세계적 '성장' 열풍을 불러일으킨 화제의 베스트셀러

"실패보다 두려운 것은
오늘의 나에 만족하는 것이다!"

**30년간 500만 리더들의 삶을 바꾼
기적의 성장 프로젝트**

세계 최고의 리더십 구루라 칭송받는 존 맥스웰이
500만 명이 넘는 리더들을 교육시킨 경험을 바탕
으로 15가지 성장 불변의 법칙을 오롯이 담아냈다.
나아갈 방향이 제대로 보이지 않아 막막한 사람들
에게 내면에 잠든 잠재력과 가능성의 거인을 깨울
수 있는 구체적인 해답을 제시한다.

사람은 무엇으로 성장하는가

존 맥스웰 지음 | 김고명 옮김 | 전옥표 감수 | 값 14,500원

어떻게 배울 것인가

존 맥스웰 지음 | 박산호 옮김 | 값 15,000원

존 맥스웰 기적의 성장 프로젝트, 그 두 번째

글로벌 리더들의 멘토인 존 맥스웰이 '배움'을 통해 멈추지 않는 성장에
대해 이야기한다. 배움의 기본 정신인 겸손, 배움과 성장의 토대를 위한
현실 직시, 자기 삶의 주도권을 잡기 위해 필요한 책임감, 자기혁신을 위
한 학습 능력 등 '배우는 사람'이 될 수 있는 11가지 로드맵을 제시한다.

존 맥스웰 리더십 불변의 법칙

존 맥스웰 지음 | 홍성화 옮김 | 값 16,800원

미국 아마존 리더십 분야 10년 부동의 1위 베스트셀러!

리더십 전문가 존 맥스웰이 전하는 리더십의 결정판으로, 그의 평생에 걸
친 리더십 노하우가 정리되어 있다. 리더십에 대한 핵심 지침만을 간결하
게 제시하고 있으며, 현실에 쉽게 적용할 수 있도록 실천 매뉴얼까지 덧
붙였다.

입사하는 그날부터 당신의 '은퇴 디데이'는 다가온다!

"회사가 전쟁터라고?
바깥세상은 지옥이다!"

당신의 은퇴 달력은
몇 장이나 남아 있습니까?

최악의 불황과 제로금리 시대, 은퇴 준비의 '골든 타임'을 놓치지 마라! '100세 시대'에 들어선 오늘날, 은퇴 준비는 이제 선택이 아닌 필수다. 은퇴연구소에서 재직 중인 저자가 빨라지는 은퇴를 위해 언제, 무엇을, 어떻게 준비할 것인지 은퇴 D−10년부터 시작하는 맞춤형 은퇴 전략을 공개한다.

은퇴 달력
유지송 지음 | 값 15,000원

스마트한 월급 관리의 법칙
김경필 지음 | 값 14,000원

연봉의 차이를 이기는 월급 관리의 기술
그동안 지나쳐온 월급 관리의 중요성을 일깨우고 월급을 제대로 활용할 수 있는 상세한 방법을 안내한다. 머니 트레이너인 저자가 제안하는 30일 월급관리 시스템을 통해 똑똑한 재테크를 시작해보자.

한국의 월세 부자들
노진섭 지음 | 값 15,000원

수익형 부동산으로 성공한 평범한 직장인들의 놀라운 재테크 노하우
소액으로 수익형 부동산에 투자해 안정적인 수입을 올리는 방법을 소개한다. 월세를 받는 직장인이나 소규모 자영업자를 만나 어떻게 돈을 모으고, 어떻게 투자했는지 그리고 무엇을 조심해야 하는지 그 상세한 노하우를 담아냈다.

✱ 최고들이 선택한 비즈니스 바이블

국제 전략 연구의 최고 권위자인 로렌스 프리드먼 교수의 역작!

"3,000년 전략의 문명사를 단 한 권으로 집대성한 최고의 책!"

세계를 바꾸고 인류를 변화시킨 전략의 모든 것을 읽는다!

역사의 심장부를 관통하는 힘과 힘의 대결, 끊임없이 지속된 강자와 약자, 부자와 빈자의 투쟁, '전략이란 무엇이며, 어떻게 탄생하고 발전되어 왔는가'라는 거대한 질문에 답을 제시하는 거대한 책!

전략의 역사 1
로렌스 프리드먼 지음 | 이경식 옮김 | 552쪽 | 값 32,000원

전략의 역사 2
로렌스 프리드먼 지음 | 이경식 옮김 | 844쪽 | 값 38,000원

세계를 움직이는 리더는 어떻게 공감을 얻는가
빌 맥고완 지음 | 박여진 옮김 | 값 15,000원

완벽하게 설득하고 정확하게 말하는 7가지 설득의 원칙
페이스북, 구글, 뉴욕타임스, 블룸버그, 에스티로더, 이케아, 할리 데이비슨 등 세계 최정상 기업의 리더들이 선택한 바로 그 소통 강의를 이제 직접 책으로 만난다! 공감과 소통, 설득을 위한 최고의 책!

MIT 스타트업 바이블
빌 올렛 지음 | 백승빈 옮김 | 값 22,000원

세계 1위 창업사관학교 MIT의 스타트업 교과서!
창업 기업 4만 개, 일자리 창출 300만 개, 총매출 2조 달러! 이 책은 MIT만의 특별한 '24단계 프로그램'을 통해 성공한 학생들의 생생한 사례를 수록해 체계적으로 스타트업에 성공할 수 있는 비밀을 알려준다.

혼자 있는 것이
좋아지는 나이

．
．
．
．

모르는 번호로 전화가 왔을 때, 호기심 반 기대 반으로 전화를 받는다면 당신은 아직 젊다. 하지만 점차 나이가 들고 경험이 쌓일수록 낯선 이의 전화는 귀찮거나 불편해진다. 또래와 몰려다니며 놀기 좋아하는 젊은 시절에는 혼자 있는 것이 어색하거나 불편하기도 하고 때론 우울한 일이 되기도 하지만 나이가 들수록 혼자 있는 것이 편하고 홀가분하다.

세상과 타인에 대한 관심이 많아 감수성과 호기심이 자연스럽게 바깥으로 향하던 시기가 지나면 진정으로 파악해야 할 대상이 자기 자신이라는 것을 깨닫게 된다. 그래서 쇼펜하우어는 젊은 시절을 '문학의 시기', 중년기 이후를 '철학의 시기'라고 했다.

Arthur Schopenhauer

철학적 성찰에서 이상한 점은 자기 자신을 위해 깊이 생각하고 탐구한 것만 다른 사람들에게 도움이 되지, 애초에 타인을 위해 고안된 것은 전혀 도움이 안 된다는 것이다. 왜냐하면 어느 누구도 자기 자신을 속이려 하지는 않으며, 자기에게 빈껍데기를 주려고 하지 않기 때문이다.

#의지와 표상으로서의 세계

세상을 위해서가 아니라
자신을 위해 생각하라

더 나은 사회를 위해 혹은 다른 사람들을 위해 생각한다는 사람들
이 저지르는 잘못들은 얼마나 많은가? 차라리 자기 자신만을 위해
생각하는 것이 나을 때가 많다. 나 자신에게 일부러 해가 되도록 생
각하는 사람은 없다. 그 편이 훨씬 정직해서 결과적으로도 사회에
더욱 보탬이 된다.

Arthur Schopenhauer

지혜로운 사람은 고통과 번거로움으로부터 벗어난 조용하고 여유 있는 평화를 추구한다. 때때로 사람들을 만나더라도 곧 물러나 혼자 있는 것을 택한다. 내면에 가진 것이 많은 사람일수록 다른 사람들에게 기대하는 것이 적다. 이것이 지혜로운 자가 종종 사교적이지 않게 되는 이유다.

반면 이와 정반대의 지점에 있는 사람은 잠시도 혼자 있지 못하고 어떤 값을 치르더라도 사람을 만나고 싶어 한다. 혼자 있으면 자신의 바닥이 너무나 명확히 드러나기 때문에 자기 자신으로부터 도망치려고 누구든 만난다.

#소품과 부록

지혜로운 사람의
사고법

누군가를 만나면 어떤 기대를 하게 되고 그것이 충족되지 않았을 때 그 사람을 원망하는 마음이 생긴다. 자신의 욕구를 채워줄 사람을 찾아 돌아다니는 사람이 정작 세상은 이기적이라고 하는 경우도 많다.

관계는 내게 부족한 것을 메우기 위해서 있는 것이 아니다. 나 스스로 채워진 마음을 가지고 친구를 사귈 때에 진정한 만남이 이루어진다.

Arthur Schopenhauer

타인 혹은 세상에 많은 것을 기대해서는 안 된다.
다른 사람에게서 무엇을 더 얻으려 하는가.
결국 인간은 누구나 혼자다.

중요한 것은
혼자 있을 때 그가 어떤 사람인가 하는 것이다.
괴테가 말했듯, 모든 것에 있어서 결국 인간은
자기 자신에게서 구해야 한다.

#소품과 부록

혼자 있을 때
당신은 어떤 사람인가?

Arthur Schopenhauer

제4장

현재

지금이 전부다

Arthur Schopenhauer

하루하루가 작은,

하나의 삶이다.

아침에 일어나는 것은 태어나는 것이요,

매일 밤 잠드는 것은 죽는 것이다.

아침에 태어나
밤에 죽는다

죽음이 저 앞에서 나를 기다리고 있다. 우리는 하루라도 더 잘 살기 위해 버둥대지만 정작 충분히 그 하루를 느끼며 살지 못한다. 원하든 원하지 않든 죽음이 우리에게 찾아올 때 미련 없이 받아들이려면 항상 죽음을 염두에 두고 살 필요가 있다.

죽음을 생각할수록 삶은 더욱 뚜렷해진다. 오늘, 바로 지금 나로서 잘 살아야 한다. 죽음을 준비하는 자는 가족들에게 한 번 더 웃어주고 따뜻한 말을 나누며, 주위를 밝고 환하게 만들려고 노력한다. 매 순간 내 삶의 의미를 돌아보게 되기 때문이다.

Arthur Schopenhauer

사람들은 가까이에 있는 것,
당장 해야 할 것들만 생각하다가
정작 중요한 생각은 하지 못한 채
삶이 지나가버린다.

#소품과 부록

꼭 해야 하는
일인가?

∴

'지금 반드시 해야 하는 일일까?'

항상 바쁘고 정신이 없다면 가끔 이런 질문을 자신에게 해보는 것도 좋다. 삶은 해결해야 할 문제가 아니다. 직접 느끼면서 살아가야할 순간의 연속이다. 하지만 많은 사람들이 당장 해결해야 할 문제만 바라보면서 하루도 제대로 살지 못한다. 내가 반드시 해야 할 일이란 사실 별로 없는데 말이다.

무언가를 해야만 내가 설 자리가 있다고 느끼는 것일까? 세상이, 사람들이 나를 정말 필요로 한다고 인정받고 싶은 것일까? 혹시 나 자신과 마주하기 싫어 자꾸 일을 벌이는 것은 아닐까? 과연 오늘 내가 놓치지 말아야 할 중요한 것은 무엇일까?

Arthur Schopenhauer

지혜롭게 삶을 이끌기 위해 우리는 우리의 생각을 현재와 미래에 적절하게 배분해야 한다. 어느 한 쪽에 너무 많이 집중해 다른 한 쪽을 망치는 것은 좋지 않다. 경박한 사람들은 현재에만 치중한다. 항상 불안하고 걱정이 많은 사람들은 지나치게 미래에만 생각이 머무른다. 현재만이 우리에게 주어진 확실한 현실이다. 그러므로 우리는 항상 현재를 기쁜 마음으로 받아들이면서 고통이나 불쾌감이 없는 시간은 그 자체로 즐기는 것이 좋다. 과거와 미래 모두 우리가 생각했던 것보다 그렇게 대단한 것이 아니다. 스토아철학자 세네카의 말처럼 하루하루를 하나의 인생으로 살아야 한다.

#소품과 부록

지금 내 생각이
곧 미래다

한때 심각하게 고민하거나 방황하면서 몹시 어렵게 결정했던 일이 지나서 보면 별 것 아니었음을 깨닫는 경우가 있다. 고뇌하면서 보낸 시간과 노력이 아깝게 여겨지기도 한다.

인생은 내가 계획한대로 오지 않는다. 항상 현재의 즐거움은 즐거움으로 충분히 만끽하면서 현재가 쌓이면 과거가 되고, 이 연장선 위에 미래가 있다는 것을 느긋하게 바라볼 필요가 있다. 무엇을 바꾸고 대단한 준비를 해야 미래를 잘 맞아들이는 것이 아니다. 지금 내가 생각하는 것, 내가 하고 있는 것이 곧 나의 미래다.

Arthur Schopenhauer

우리가 무언가를 할 때에는 오직 현재의 목표를 만족시키고 지금 하려는 의도에 충실할 뿐이다. 미래를 통제하려 하는 것은 헛되다. 삶을 연결된 전체로 보게 될 때라야 성격과 능력은 진정한 빛을 드러낸다. 때로는 우리를 망치게 할 수도 있었던 수천 가지의 길 중 오직 하나의 옳은 길로 어떤 신비로운 힘이 이끌어와준 것처럼 느껴지기도 한다.

#소품과 부록

삶을 전체로
이해한다는 것

.
.
.
.

삶의 의미는 지나서야 비로소 알 수 있고, 나라는 사람 역시 충분히 겪어봐야 알 수 있다. 젊은 시절 우리는 어떤 사람이 되겠다며 자신을 규정하고 삶을 목표와 계획으로 통제하려 들지만 지나고 나면 그것이 얼마나 무의미한 일이었는지 깨닫게 된다. 삶은 오직 살아감으로써만 이해할 수 있는 것이다.

Arthur Schopenhauer

산봉우리에 올라야 걸어온 길이 어떻게 연결되어 있는지 한눈에 들어오듯, 우리가 삶을 돌아보며 왜 그런 결과가 나왔는지 파악하는 것도 항상 그러한 일들이 다 끝났을 때라야 가능하다. 그러므로 매 순간 우리에게 타당하고 적절하다고 생각하는 일들을 하면서 우리는 처음부터 끝까지 필연성의 법칙 아래 움직이고 있을 뿐이다.

#소품과 부록

지구 위의 어디든 삶은 항상 '현재'라는 형식으로 나타난다. 죽음을 두려워하는 것은 마치 운 좋게 둥근 지구의 위쪽에 서 있는데, 그 아래로 미끄러져 떨어질까 봐 두렵다고 하는 것만큼이나 어리석은 생각이다. 현재가 의지로부터 벗어나지 못하듯이 의지도 현재를 벗어날 수 없다.

#의지와 표상으로서의 세계

의지는 현재를
벗어나지 못한다

우리는 해가 뜨면 일어나 움직이고 해가 지면 슬슬 잘 채비를 한다. 자연이 순환하며 변화하듯, 사람도 나이가 들면서 때에 맞추어 적절히 살아가는 것을 체득하게 된다. 죽음은 탄생과 동시에 예고된 일이며 자연의 모든 개체가 필연적으로 돌아가게 되는 궁극의 지점이듯이, 자연스럽게 죽음을 향해 한 발 한 발 나아가는 삶을 살아가면 되는 것이다.

죽음을 의식하는 존재는 인간뿐이다. 이러한 죽음에 대한 명확한 인식이 삶을 충만하게 빛내도록 할 것인지, 죽음에 대한 막연한 불안과 두려움으로 무엇이든 붙들어 집착하며 제대로 살지 않을 것인지는 오직 개인의 선택에 달려 있다.

Arthur Schopenhauer

과거나 미래는

우리가 생각하는 것보다 별로 관련성이 없다.

오직 현재만이 사실이고 실제다.

#소품과 부록

과거나 미래 때문에
힘든 것이 아니다

:
:
:

과거의 그 일 때문에, 과거의 어떤 사람 때문에 지금 힘들다, 일이 잘 풀리지 않는다고 생각하는 사람이 있다면 그 사람에게는 영영 현재와 미래가 오지 않을 것이다. 과거에 머무르는 사람이기 때문이다. 마찬가지로 과거의 좋았던 시절, 그리운 사람들만 생각하면서 현재를 받아들이지 않는 사람 역시 과거에 사는 사람이다.

실제 삶은 오직 현재에만 있다. 과거에 빠져 우울해하거나 미래에 집착해 불안해하는 사람은 모두 현재를 살지 않는 것이고, 그것이 계속 반복되면 현실에서 점점 멀어져, 어느 날 문득 단 하루도 제대로 살지 못했음을 슬퍼하게 될 것이다. 미래를 두려워할 것이 아니라 지금 여기에서 완전히 살고 있지 않음을 두려워해야 한다.

038

모든 이별은 죽음의 전조이고

모든 재결합은 부활을 연습하는 것이다.

그래서 사람들은

별로 관심을 가지지 않았던 사람조차

오랜만에 만나면 그렇게 반가워한다.

#소품과 부록

모든 만남은
이미 특별하다

우리는 항상 만나고 헤어진다. 계절이 바뀌듯, 나이가 들어가듯 만남과 헤어짐은 반복된다. 개인에게 아침에 눈을 뜨는 것은 삶의 시작이고 밤에 잠드는 것은 죽음을 겪는 일이듯, 관계에서도 우리는 삶과 죽음을 경험한다. 오랜만에 만나는 사람은 마치 우리가 부활한 것처럼 반갑게 생각된다. 그래서 특별한 인연처럼 느껴진다. 하지만 모든 만남은 이미 삶처럼 특별한 것이다. 최선을 다해 만나고, 헤어질 때는 계절을 보내듯 자연스럽게 보내는 것이 순리다. 봄이 좋아서 부여잡는다고 여름이 오지 않는 것은 아니듯이.

Arthur Schopenhauer

모든 것의 덧없음, 허망함, 꿈같은 속성을 명확히 의식할수록 내면의 존재가 영원함을 당신은 더욱 분명히 알게 될 것이다. 바다위를 달리는 배에서는 저 멀리 움직이지 않는 해안가를 볼 때 배가 달리는 것을 더욱 실감할 수 있는 것처럼, 대조적일수록 우리는 확실히 인식할 수 있기 때문이다.

#소품과 부록

무의미한 삶을
의미 있게 만든다는 것

:
:
:

내가 탄 배가 움직인다는 것을 실감할 때는 저 멀리 움직이지 않는 해안가 풍경을 바라볼 때다. 멈추어 있는 것에 비추어볼 때, 분명한 기준이 있을 때 우리는 나아가고 있음을 깨닫는다.

삶은 아무것도 아니며 본래 무의미하기에 끊임없이 무언가를 추구하며 노력하는 인간의 움직임은 더욱 신성하다. 무의미한 삶에서 각자 의미를 찾는 존재들인 것이다. 어디에서도 의미는 주어지지 않는다. 바로 지금 오직 자신만이 자신의 의미를 새길 수 있다.

Arthur Schopenhauer

제5장

성격

누구도 자신의 성격을 벗어나지 못한다

Arthur Schopenhauer

어느 누구도 자신의 고유한 성격을 벗어나지 못한다. 외부 상황이 바뀌어 얼핏 다르게 행동하는 것 같아도, 그것은 성격이 다양하게 변주되면서 모양만 다르게 보이는 것에 불과하다. 사람의 성격이란 거의 변하지 않는다.

#소품과 부록

왜 성격은
바뀌지 않는가?

．
．
．
．

성격이란 자신과 타인 그리고 세상에 대해 드러내는 지속적인 '태도'라고 할 수 있다. 똑같은 일이 벌어져도 어떤 사람은 웃고, 어떤 사람은 난처해하거나 화를 내는 사람도 있다.

눈앞에 벌어진 일을 어떻게 받아들이며, 어떤 의미를 부여하고, 어떤 행동을 선택하는가는 모두 성격에 달려 있다. 좋고 싫음, 할지 말지를 판단하는 것 등은 거의 무의식적이고 자동적으로 결정된다. 이것이 쇼펜하우어의 독특한 인간관이다. 기존의 철학자들이 인간을 합리적이고 이성적 존재로 본 것에 반해, 쇼펜하우어는 인간의 비합리성에 초점을 맞추었다. 인간은 자신이 인식하지 못하는 어떤 맹목적인 힘(의지)에 의해 움직이며 이성은 그 힘을 합리화하거나 보완하는 기능을 할 뿐이다.

우리는 먼저 움직이고,

이후에 알아차리는 존재다.

이렇게 인간을 움직이게 하는 모든 에너지는

'의지'에서 나온다.

방향도, 목표도 없이

한 순간도 멈추지 않고 꿈틀대는 힘,

바로 맹목적인 삶의 의지다.

041

Arthur Schopenhauer

사람은 자신이 진정 바라는 것이 무엇인지, 그리고 자신이 무엇을 할 수 있는지 알아야 무언가를 성취해낼 수 있다. 종종 다른 사람의 상황이나 처지를 부러워하기도 하지만, 이것은 자신의 성격이 아니라 그 사람들의 성격에만 적합한 것일 뿐이다. 그가 그런 상황에 놓이면 불행을 느끼거나 심지어 생존이 힘들어질 수도 있다. 물고기에게는 물이, 새에게는 하늘이, 두더지에게는 땅 속이 맞는 것이다. 모든 인간은 자신에게 맞는 환경에서 잘 살 수 있다.

#의지와 표상으로서의 세계

두더지에게는
땅 속이 맞는 것이다

⋮

자신에게 없는 것을 다른 사람에게서 찾으며 부러워하거나 시기하느라 힘들어할 시간에, 자신의 성격을 파악하고 그에 맞는 생활 환경을 만들 수 있도록 애쓰는 것이 낫다. 왜냐하면 자신의 성격에 대한 파악이 이루어지면 불필요한 고통을 줄일 수 있고 보다 만족스런 삶을 살아갈 수 있기 때문이다. 반면, 자신의 내면을 들여다볼 시간 없이 다른 사람의 삶만 구경하고 흉내 내는 사람들은 항상 불안해하기만 할 뿐 시간이 흘러도 달라지는 것은 없다.

Arthur Schopenhauer

칸트는 "만약 경험적 성격과 동기만 완전히 주어진다면, 미래에 일어날 한 사람의 행동을 정확히 예측해낼 수 있다."고 말했다. 일식과 월식을 계산해내듯 말이다. 모든 자연 현상이 자연의 법칙에 따라 일어나듯, 인간의 모든 행동은 그 자신의 성격에서 비롯된다.

#의지와 표상으로서의 세계

삶은 자신의 성격을
벗어나지 못한다

데카르트와 스피노자는 의지란 인식에 따라 조정할 수 있는 것으로 보았다. 그래서 인간은 인식을 먼저 하고, 그 결과에 따라 의욕을 낸다고 보았지만 쇼펜하우어는 이것이 정반대로 뒤바뀐 것이라고 주장한다.

쇼펜하우어에게 의지는 최초의, 근원적인 것으로 그 어떤 것보다 앞서 시작된다. 그러므로 인간이 경험을 통해 나중에 '알게' 되는 것이 성격이다. 즉, 사람은 자신이 의욕한 것을 인식하는 것이지, 과거 철학자들 말대로 인식한 것을 의욕하는 것이 아니다. 따라서 인간은 이러저러한 존재라고 단정지어 말할 수 없고, 다른 누군가가 될 수도 없으며, 오직 자기 자신으로서 나중에야 인식할 수 있는 것이다.

043

Arthur Schopenhauer

우리의 행복에 있어 가장 먼저, 반드시 필요한 요소는 우리가 어떤 사람인가 하는 것, 즉 인격이다. 재산이나 명성의 가치는 상대적이며 있다가 없어지기도 하지만 인격적 가치는 절대적이어서 좀처럼 바뀌거나 사라지지 않는다.

우리 힘으로 할 수 있는 유일한 것은 우리가 가진 성격적 장점들을 최대한 유리하게 잘 사용하는 것뿐이다. 자신의 성품에 적합한 일을 찾아 더 잘 할 수 있도록 애쓰며 그렇지 않은 것은 피하는 것이다. 결과적으로 자신의 성품에 잘 부합하는 자리, 직업, 삶의 방식을 택해 자신에게 가장 적절한 방식으로 발전해나가야 한다. 그러므로 재산을 늘리는 데 열중하는 것보다 건강을 유지하고 자신의 능력을 키우는 데 노력하는 것이 더 현명하다.

#소품과 부록

가장 귀한 자산은
성격이다

자신의 성격을 온전히 이해하고 그 성격을 가장 잘 살려줄 수 있는 능력을 갖추는 것, 이런 내면의 능력은 재산이나 명성, 인기와 권력 등 필연적으로 사라질 수밖에 없는 물질적 소유물보다 훨씬 유용하다. 혼자 고요히 사색하며 산책하는 것을 즐기는 사람이 많은 사람들과 함께 등산을 해야 한다면 당연히 유쾌하지 않을 것이다. 하지만 자신만 동떨어져 관계에서 소외되거나 중요한 정보를 얻지 못할지도 모른다는 두려움에 내키지 않아도 모임에 나가거나 무리 속에 머물며 안도하는 경우도 많다. 그러므로 성격을 잘 알고 가꾸는 것이 그 무엇보다 중요하다. 자신에게 필요한 것과 불필요한 것을 잘 구분해 지혜롭게 살 수 있기 때문이다.

Arthur Schopenhauer

건강 상태, 잠은 잘 잤는지, 밥을 먹었는지, 기온과 날씨, 환경 등 많은 외적 요소들은 우리의 기분에 큰 영향을 끼치며, 결과적으로 생각에도 영향을 준다. 그러니 어떤 일에 대한 우리의 생각뿐만 아니라 일을 해내는 능력도 사실상 시간과 장소의 지배를 받는다. 어디에 어떻게 있든 기분을 잘 관리하는 것은 그래서 중요하다.

#소품과 부록

기분은 생각보다
많은 것을 좌우한다

⋮

어딘지 모르게 불편한 사람과는 일이 잘 진행되지 않고, 호감을 갖고 있는 사람과는 별 노력 없이도 일이 술술 풀리기도 한다. 날씨도 좋고 무엇이든 가능할 것 같은 기분으로 함께 여행을 가자고 해놓고, 비가 오자 황급히 전화해 궁색한 변명을 대며 취소하는 경우도 있다. 이처럼 기분은 우리의 결정과 행동에 생각보다 많은 영향을 끼친다. 내가 나에게 보내온 과거의 정보들을 토대로, 내가 불편해지거나 기분이 나빠질 만한 일들은 일어나지 않도록 주의를 기울이는 건 현명한 선택일 것이다.

Arthur Schopenhauer

성격과 마찬가지로 자신의 강점과 약점을 잘 알게 된다면 많은 고통의 순간들로부터 자신을 지킬 수 있다. 자신의 고유한 힘을 사용하고 느끼는 것만큼 즐거운 것은 없기 때문이다. 자신이 필요하다고 생각하는 힘이 부족하다는 것을 알게 될 때 인간은 가장 고통 받는다.

#의지와 표상으로서의 세계

강점과 약점을
안다는 것

자신의 성격을 알고 강점과 약점을 파악할수록 보다 만족스러운 삶을 살 수 있다. 불필요한 도전에 시간과 노력을 뺏기지 않을 것이고, 사소한 일들에 덜 휘둘리기 때문이다. 살면서 일어나는 많은 일과 문제를 다 해결할 수 없고, 모든 사람들과의 관계를 원만하게 유지할 수도 없다. 항상 타인과의 관계로 고민하거나 힘들어 하는 사람들은 자신의 성격을 제대로 알지 못하는 것일 수도 있다.

나 자신에 대한 불만을 줄이는 것이 세상에 대한 불만을 줄이는 가장 빠른 방법이다. 대부분 내가 더 잘할 수 있었는데 하지 못한 것, 피할 수 있었는데 피하지 못하는 것에서 큰 고통을 느끼기 때문이다. 자신의 고유한 성격과 강점과 약점을 제대로 파악하면 애초에 무리한 요구는 하지 않게 된다. 그리고 불필요한 역경으로 자신을 몰고 가지 않는다.

Arthur Schopenhauer

자신의 강점과 약점을 완전히 파악하고 있다면 가지지 못한 힘을 과시하려 하지도 않을 것이고, 가짜 동전으로 도박을 하려 들지도 않을 것이다. 속임수로는 목표를 달성할 수 없다는 것을 알기 때문이다. 인간은 오직 그 자신의 의지로써 드러나는 존재이므로 자신이 아닌 다른 무엇이 되려고 하는 것보다 더 잘못된 것은 없다. 이것은 의지가 그 자신과 직접적으로 모순을 일으키는 것이다.

#의지와 표상으로서의 세계

자기 자신이 아닌
다른 무언가가 되려고 하지 마라

무엇이 되려고 노력하는 것보다 내가 누구인지 아는 것이 우선이다. 우리는 삶의 너무 많은 시간들을 성공했다는 사람의 말에 귀기울이고, 스승을 따라하고, 멘토를 흉내 내며 흘려보낸다. 거기에는 진정한 내가 없다. 그래서 환상이고 가짜다. 시간이 좀 걸리더라도 자신에 대해 더 파고들어 고민하며 내 것을 발굴해 끌어올려야 한다. 그렇게 파악하고 발견한 자기 자신이야말로 가장 든든한 삶의 동반자이자 주체가 될 수 있다.

Arthur Schopenhauer

외부에서 의지에 영향을 주는 경우는 동기밖에 없다. 하지만 동기는 의지 자체를 변화시킬 수 없고, 오직 의지가 노력하는 방향만 변화시킬 수 있다. 즉, 의지가 변함없이 추구해오던 것을 다른 방법으로 추구하도록 하는 것이다.

#의지와 표상으로서의 세계

멈출 수는 없지만
방법을 바꿀 수는 있다

의지가 하는 행위는 단 하나 '의욕'이다. 의지가 움직이는 것, 그것이 의욕하는 것이다. 의지는 본래 자유롭다. 어느 누구의 간섭이나 개입도 받지 않으며 그 자체로 움직인다. 그러므로 의지 자체는 그 무엇도 건드릴 수 없다.

의욕은 배울 수도, 가르칠 수도 없다. 우리는 다만, 의지가 추구하는 것을 알아차리고 적절한 방법으로 나아가도록 조절할 수 있을 뿐이다. 자신이 가치 있는 존재임을 관계 속에서 확인하고, 사람들에게 인정받고 싶어 하는 사람은 자신의 능력이나 자질을 계발하기 위해 끊임없이 노력하면서 나아지고자 한다. 하지만 어떤 칭찬과 인정에도 만족하지 못한 채 허탈감에 빠져 무기력해지기도 한다. 이런 경우 "이미 너는 충분해, 그만 만족해."라고 억지로 만족하려고 하기보다는 그 '완전에의 욕구'를 들여다보며 조절하는 것이 더 효과적일 것이다.

Arthur Schopenhauer

인격이야말로 인간의 행복과 번영을 직접적으로 가져다주는 유일한 것이다. 고상한 성격과 제대로 기능하는 두뇌, 명랑한 성격과 밝은 마음, 건강한 몸과 같은 주관적인 축복이 행복에 있어서 가장 중요하고 우선적으로 필요하다. 이 중에서 행복에 직결되는 가장 중요한 것은 밝은 마음이다. 이런 훌륭한 특성은 즉각 보답을 주기 때문이다. 밝고 명랑한 사람은 그럴 만한 이유가 있다. 그 자신이 바로 그런 사람이기 때문이다.

#소품과 부록

인격과 의식은
왜 중요한가?

. . . . .

동일한 경험을 동시에 한다고 하더라도 주관적 혹은 개인적인 느낌은 저마다 다를 수 있다. 누군가는 아주 흐린 날씨 속에서도 멋진 경치를 찾아내고, 누군가의 눈에는 같은 풍경도 형편없는 카메라로 찍은 사진처럼 보이기도 한다. 누구나 자기 인식의 한계가 있게 마련이다. 사람이 자신의 피부를 벗어날 수 없는 것처럼 이런 인식의 한계를 직접적으로 벗어날 수는 없다. 그래서 외부의 도움도 그에게는 소용이 없다. 인간에게 존재하는, 인간에게 일어나는 모든 것은 그의 '의식' 안에 있으며 중요한 것은 이런 '의식'을 어떻게 구성해나가느냐의 문제다.

Arthur Schopenhauer

제6장

행복

덜 불행하게 사는 법

Arthur Schopenhauer

어떤 사람이 행복한지 알아보려면
그를 즐겁게 하는 게 무엇인지가 아니라
그를 힘들게 하는 게 무엇인지 물어볼 필요가 있다.

사소한 것에 슬퍼할수록 행복한 사람이다.
잘 지내는 사람이라야
사소한 것에 불편을 느낄 수 있다.

#소품과 부록

행복은 간접적으로
느끼는 것

행복은 고통이나 불편함, 걱정이나 결핍, 지루함 등에서 벗어난 상태에서 느끼는 것이므로 직접적이라기보다는 간접적이라 할 수 있다. 반면 고통이나 슬픔은 항상 직접적으로 온다. 그러므로 능동적으로 고통을 줄일 수는 있어도 더 큰 행복을 얻을 수는 없다.

우리는 대개 막연한 행복과 충만감, 기쁨과 즐거움을 원하며 새로운 세상에 대한 동경을 품고 살지만 어딜 가더라도 나의 걱정과 고뇌에서 벗어날 수는 없다. 욕구와 결핍이 너무 크면 현실에 대해 무감각해져 작은 불편도, 작은 만족도 느끼지 못한다.

Arthur Schopenhauer

진정한 의미의 행복이란
견딜 만한 삶을 사는 것, 즉
덜 불행하게 사는 법을 뜻한다.

인생은 즐기라고 주어진 것이 아니라
극복해내라고 주어진 것이다.

#소품과 부록

고통의 원인을
줄이는 것이 행복이다

우리의 의지는 끊임없이 무언가를 추구하기에, 궁극의 만족이란 거의 불가능하다. 돈을 악착같이 모으는 사람은 돈이 없어지는 것에 대한 두려움으로, 사랑을 갈구하는 사람은 상대를 잃게 될까 전전긍긍한다. 그러므로 나의 의지가 무엇을 향해 있는지를 명확하게 인식하고 그 속도와 방향을 조절하는 것이 덜 고통 받는 길이다. 조절하지 않으면 끌려간다. 욕망이라는 롤러코스터에 올라타 정신 없이 오르락내리락 달려가지만 점점 더 만족하기는 힘들어져 욕망으로 인해 오히려 고통을 받는 결과를 낳는다. 이러한 것을 알아차려 애초에 롤러코스터에 올라타지 않는 것, 욕망의 노예가 아닌 삶의 주체로 당당히 서는 것이 행복의 최소 조건이다.

Arthur Schopenhauer

행복과 불행은 결국

우리의 의식이 무엇으로 차 있고

무엇에 마음을 빼앗기고 있는지에 달려 있다.

당신의 마음은
어디에 가 있는가?

지금 당신의 마음은 어디에 가 있는가? 가족 중 아픈 사람이 있으면 아무리 친구들과 유쾌한 시간을 보내도 즐겁지 않다. 타인의 웃음은 나를 더 고독하고 우울하게 할 뿐이다.

마음이 번잡하고 고민이 많으면 길가에 피어 있는 꽃이나 나무도 그냥 지나치게 되지만 마음이 여유롭고 가벼우면 매일 마주치던 풍경 속에서 보이지 않았던 것들이 보이기 시작한다.

어떤 환경에서, 어떤 일을 겪고 있는지도 중요하지만 결국 그 일을 어떻게 마음에 담아두는가에 따라 행복해지기도 하고 불행해지기도 하는 것이다.

Arthur Schopenhauer

'그 사람이 어떤 사람인가'가 '그 사람이 얼마나 가졌는가'보다 행복에 기여하는 것이 훨씬 더 크다는 것이 명확함에도 불구하고 여전히 많은 사람들은 내면의 힘을 기르기보다 돈을 버는 데 수천 배 더 많은 노력을 기울인다.

아침부터 밤까지 사람들은 개미처럼 쉼 없이 일한다. 그렇게 계속 살다 보면 시야가 좁아져 정신이 텅 비게 되고, 정신적 즐거움을 느끼지 못하게 된다. 그래서 돈이 많이 들더라도 시간을 별로 들이지 않아도 되는 감각적 쾌락으로 도망침으로써 정신적 즐거움을 대체할 즐거움을 누려보려 하지만 헛수고에 불과하다.

#소품과 부록

즐거움을
누릴 줄 아는 능력

일은 종종 자신에게서 도망치기 가장 좋은 핑계가 된다. 돈을 벌기위해, 사회적으로 인정을 받기 위해, 자기실현을 하기 위해서만 일을 하는 것은 아니다. 자신을 들여다보는 것이 두려워 항상 무언가를 하는 사람들도 있다. 무언가에 몰두할 때는 스스로를 심각하게들여다볼 필요가 없기 때문이다. 하지만 일만 하면서 대부분의 시간을 보낸다면 일 이외의 다른 것을 보고 느끼기 어렵다. 계절의 변화나 생동감 넘치는 사람들의 모습에서도 감흥을 느끼지 못한다. 소박한 즐거움 자체를 잃어버린 것이다. 그래서 휴가라는 이름으로 많은 돈을 들여 큰 즐거움을 얻고자 노력하지만 막상 그게 즐거운 것인지, 행복한지 잘 실감을 하지 못한다.

Arthur Schopenhauer

낙관주의 때문에 이러한 진실을 알아차리지 못하는 것이 불행의 근원이다. 고통을 벗어나는 순간, 끊임없는 바람들이 일어나면서 현실에 존재하지도 않는 행복의 이미지를 거울처럼 비추면, 우리는 혹하는 마음으로 쫓아간다. 그렇게 함으로써 다시 자신에게 스스로 고통을 가져온다. 행복은 환상이지만 고통은 실재하는 것이다. 고통을 다시 겪고 나서야 우리는 고통이 없던 그 순간을 놓친 것에 대해 후회하며 과거를 되돌릴 수만 있다면 하고 헛되이 소망한다.

#소품과 부록

낙관주의와
만사 긍정이 갖는 함정

삶의 밝은 면을 본다는 긍정적 시각은 그 자체로는 좋은 것이지만 그로 인해 삶이 내게 좋은 것만 주어야 한다고 믿는 우를 범하기 쉽다. 행복하지 않은 사람은 마치 자신에게 결함이 있는 것처럼 생각하며 우울한 기분을 떨치려고 온갖 노력을 한다. 하지만 삶은 그 자체로 힘든 것이고 인간은 본래 누구나 취약하다. 과거의 어떤 일이나 누구 때문이 아니라 미래가 불확실하고 불안해서가 아니라 인간은 상처받고 좌절하며 고뇌할 수밖에 없는 존재다. 그러므로 고통이나 불편함을 줄일 수는 있지만 완전히 제거할 수는 없다. 그것은 바로 '의지'를 갖기 때문이다. 한없이 결핍을 느끼고 끊임없이 욕구를 밀어 올리는 존재이기 때문이다.

Arthur Schopenhauer

우리는 경험을 통해 알게 된다. 행복과 즐거움은 멀리서만 보이고 다가가면 사라져버리는 신기루에 불과하다는 것을. 반면 고난과 고통은 어떤 중재도 없이 직접 그 존재를 드러내며, 환상이나 헛된 희망과 무관하게 서 있는 현실이다. 그래서 지혜로운 자들은 이러한 고통이나 고난을 줄이는 방법을 생각하지, 무엇인지 알지도 못하는 행복이나 즐거움을 찾아다니지 않는다.

#소품과 부록

행복은 왜 쉽게
사라지는가?

Arthur Schopenhauer

행복이라는 집을 넓은 토대 위에 지으려고 해서는 안 된다. 행복하기 위해 너무 많은 것을 요구하지 않아야 한다. 그런 토대 위에 세운 행복은 쉽게 무너진다. 바라는 것이 많을수록 사고가 날 가능성도 많아지기 때문이다. 그러므로 자신의 요구를 최대한 낮추는 것이, 살면서 화를 면하는 가장 확실한 방법이다.

#소품과 부록

불안해서 항상
갖추려는 사람들

건물을 지을 때에는 토대가 넓을수록 안정감이 있는데, 행복은 이와 반대로 토대가 좁을수록 건실하게 세울 수 있다. 아주 적은 것만 갖고도 행복을 느낄 수 있는 사람은 오랫동안 안정적으로 행복을 누릴 가능성이 높다. 자신의 성격에 따라 꼭 필요한 것들로 토대를 만들어두면 행복을 쌓기도, 지키기도 쉬울 것이다. 이와 반대로 무엇이 자신을 만족시키는지 알지 못하는 사람은 이것저것 다 가지려고만 한다. 언제 무엇이 필요할지 몰라 불안하기 때문에 일단 다 확보해두는 것이다. 그래서 평생 토대만 구축하다가 끝나기도 한다.

Arthur Schopenhauer

범위를 좁힐수록 행복해진다. 우리의 시야, 활동 범위, 접촉하는 세계를 제한해 어느 정도 선을 그어두는 것이 행복에 도움이 된다. 그 범위가 넓을수록 바라는 것과 두려움이 늘어나면서 걱정과 갈등도 늘어나기 쉽다. 자극이 적을수록 고통도 줄어든다. 물론 지나치게 좁거나 단조로우면 지루함으로 이어질 수 있다. 따라서 지루하지 않을 정도로만 삶을 단조롭게 하고, 만나는 사람들과의 관계를 단순화하는 것이 행복에 도움이 된다.

#소품과 부록

고통과 지루함 사이
어디쯤

의지가 끊임없이 나 자신을 몰아갈 때, 어디까지 어떤 방식으로 허용할 것인가 하는 것은 이성의 몫이다. 사람마다 결핍을 느끼는 항목도, 정도도 달라서 각자 자신의 의지에 대처하는 자신만의 방식을 다듬어가야 한다.

원하는 것이 많아질수록 충족에 필요한 에너지도 많이 필요해져 행복에서 더 멀어지는 것은 당연하다. 한편, 바라는 것이 거의 없어 활동이 줄어들면 지루함과 무기력에 시달리게 된다. 그러므로 이 양 극단에 치우치지 않으면서 자신에게 적절한 정도로 욕구와 자극을 조절하는 게 지혜롭다.

057

Arthur Schopenhauer

비참해지지 않는 가장 안전한 방법은 너무 큰 행복을 기대하지 않는 것이다. 더 행복해지겠다고 발버둥치며 고군분투하는 것보다는 즐거움과 행복, 재산과 사회적 지위, 명예 등에 대한 자신의 기대치를 현실적인 수준으로 끌어내리는 것이 한결 바람직하다.

#소품과 부록

행복한 삶에 대해
너무 기대하지 마라

성적에 연연해하지 않으면서 공부를 즐기는 사람이 오래 공부할 수 있듯, 과정으로서의 삶을 충실히 사는 것이 더 행복해지는 길이다. 간절히 바라던 것을 얻거나 이루었다 하더라도 그 만족감과 성취감은 오래 가지 않는다. 금세 또 다른 바람이 생긴다. 자신의 현재 모습에 만족하지 않고 더 완전한 나를 위해 노력하는 것은 분명 성장과 발전을 돕지만 평생 도달하기 힘든 높은 수준의 기대치는 항상 불만족스런 상태로 사는 원인이 된다. 주위에서 아무리 그를 인정하고 지지해주어도 정작 자신은 실패자라는 생각에서 벗어나지 못하는 경우도 많다.

Arthur Schopenhauer

모든 종류의 즐거움은

욕구를 잠재우는 것에 지나지 않는다.

방금 저녁 식사를 마친 사람이 또 식사를 하지 않듯,

푹 자고 일어난 사람이 또 자려고 눕지 않듯,

즐거움이란

욕구가 충족되면 사라지는 것이다.

#소품과 부록

즐거움은 욕구가 충족되면
사라지는 것이다

목이 마른 것, 물을 마시고 싶어 하는 것은 물이 없다는 점에서 결핍이고 '마이너스(-)'라고 할 수 있다. 그때 원하는 대상인 물이 '플러스(+)'로 들어오면 마이너스와 플러스가 만나 0이 된다. 이렇듯 욕구와 그 욕구하는 대상의 총합은 0이라 할 수 있다. 하지만 물을 계속 더 마신다고 해서 플러스가 늘어나는 것은 아니다. 어느 정도 물을 마시고 나면 물을 더 마시는 것이 오히려 괴로워진다.

욕구가 충족되면 원하던 대상은 사라진다. 즐거움이란 0으로 만들기 위한 과정이지 플러스를 쌓기 위한 과정이 아니다. 오히려 또 다른 결핍인 또 다른 마이너스를 채우러 간다. 그래서 인간은 항상 무언가를 충족시키기에 바쁘다.

Arthur Schopenhauer

제7장

고통

당신은 무엇과 싸우고 있는가?

Arthur Schopenhauer

로마의 철학자 루크레티우스는 말했다. 폭풍우가 휘몰아치는 바다 위에 누군가가 고군분투하고 있는 것을 육지에 서서 바라보는 것은 얼마나 즐거운가. 그것은 남의 고통을 보고 즐거워하는 것이 아니라 나 자신이 그 화를 면했다는 것을 알고 기뻐하는 것이다.

#의지와 표상으로서의 세계

행복과 즐거움이
지속되지 못하는 이유

모든 행복은 적극적이지 않고 이처럼 소극적인 성격을 띤다. 그래서 행복은 지속되는 만족감이나 기쁨이 되지 못하고 단지 고통이나 결핍으로부터 겨우 벗어난 것에 불과하다. 그러므로 또 다른 고통이나 권태, 공허한 갈망이나 지루함이 생겨나게 된다.

Arthur Schopenhauer

인간의 행복을 가로막는 가장 큰 적은 고통과 지루함이다. 하나
로부터 간신히 멀어지면 다른 하나가 다가온다. 삶은 이러한 고
통과 지루함 사이를 격렬하게 왔다 갔다 하는 것과 다르지 않다.
가난은 고통을 낳지만 풍족한 인간은 지루함을 느낀다. 따라서
경제적으로 가난한 사람은 고통에 시달리지만 물질적으로 풍족
한 사람은 항상 지루함과 필사적으로 싸우는 것이다.

#소품과 부록

욕망의 본질은
고통이다

:
:
:

인간은 욕망과 권태 사이를 시계추처럼 오가는 존재다. 욕망은 본
질적으로 고통이다. 성취는 재빨리 싫증나고, 목표는 환상에 불과
하다. 소유하게 되면 더 이상 매력을 느끼지 못하고 새로운 형태의
욕망과 욕구가 다시 나타난다. 그렇지 않으면 황량함, 공허함, 지루
함이 따르고 이것에 대해 싸우는 것은 역경에 투쟁하는 것만큼이
나 고통스럽다.

Arthur Schopenhauer

지루함과 원함은 인생의 양대 축이다. 원하는 것을 손에 얻으면 안도하고 곧 지루해져서 또 다른 것을 원하게 된다. 좀 더 즐거운 것, 더 큰 자극을 찾는 인간은 화려한 옷이나 사치스러운 것을 갖고 싶어서 안달하거나 담배와 술에 빠지기도 하고 마약을 찾기도 한다. 인간은 이처럼 자신이 원하는 것을 끊임없이 늘려가지만 결국은 동물보다도 자신을 만족시키기 힘들다.

#소품과 부록

원하는 것이 많아
항상 불만에 차 있다면

.
.
.
.
.

원하는 것이 많을수록 만족을 얻기란 더더욱 어려워진다. 의지는 끝없이 분투하는 본성을 가지고 있으므로 인간은 어디서든 한없이 자신의 결핍과 부족을 찾아낸다. 그래서 과거에 어떤 결핍이 있었기 때문에 지금 욕구하는 것이 아니라 인간이라는 존재 자체가 항상 욕구하는 존재임을 아는 것이 중요하다. 태어나는 그 순간부터 '의지'의 발동으로 돌아가는 존재가 인간이라는 것을 명확히 깨닫게 되면, 더 이상 당신은 과거의 어떤 문제 때문에 불행한 것도, 더 나은 삶을 살지 못해서 괴로운 것도 아님을 알게 될 것이다. 진실은 더 노력해야 하는 것이 아니라 노력의 방향을 바꾸어야 하는 것이다.

Arthur Schopenhauer

고뇌를 없애려는 끝없는 노력은 그 형태를 바꾸는 것 말고는 아무것도 해내지 못한다. 이러한 고뇌의 형태는 본래 결핍과 고난, 삶을 유지하기 위한 걱정이었다. 아주 운이 좋아서 이런 형태의 고통을 몰아내는 데 성공한다면, 나이와 상황에 따라 성욕, 열정적인 사랑, 질투, 시기심, 증오, 불안, 명예욕, 금전욕, 질병 등 숱하게 다양한 형태로 돌아가며 나타난다. 만약 고통이 다른 형태를 찾지 못하게 되면 싫증과 지루함이라는 슬픈 회색 옷을 입고 등장하는데, 그러면 사람들은 이것에서 벗어나기 위해 여러 가지 시도를 하게 된다. 만약 이것들을 쫓아내는 데 성공하면, 이전의 형태 중 하나의 고통에 다시 빠져 춤추기 시작한다. 그러므로 인간의 삶은 고통과 지루함 사이를 왔다 갔다 하는 것이다.

#의지와 표상으로서의 세계

누가 나를
이토록 힘들게 하는가?

모든 의욕의 토대는 결핍, 부족, 그로 인한 고통이다. 인간은 어떠한 상황에서 '벗어나기 위해' 혹은 '달라지기 위해' 노력한다. 인간은 그 자체로 이미 태어나면서부터 고뇌하게 되어 있다. 고뇌의 정도와 방향은 어느 정도 조절할 수 있지만 완전히 없앨 수는 없다. 뜻하는 대로 얻거나 이루지 못하면 괴롭지만 너무 쉽게 목표를 달성해도 이내 공허감과 지루함에 빠지기 때문이다. 그러므로 우리는 살아있는 한 완전히 평화롭거나 지속적으로 행복을 느낄 수 없다. 중요한 것은 스스로 그렇게 내버려두지 않는다는 점이다.

Arthur Schopenhauer

만족은 지속되지 않는다. 오히려 새로운 노력의 출발점이 될 뿐이다. 우리는 노력이 어디에서든 저지되어 어디에서나 싸우는 것을 본다. 그러므로 노력은 결국 언제나 고뇌로 나타나는 것이다. 이러한 노력에는 최종 목표도 없고 고뇌의 정도와 한계도 없다.

#의지와 표상으로서의 세계

고뇌를 없애려고
고뇌하는 우리들

우리는 항상 고통이 삶의 본질이라는 사실을 외면하고 바깥에서 뭔가를 찾으려고 애를 쓴다. 그리고 결코 우리의 곁을 떠나지 않을 고통의 원인이나 핑계 또한 외부에서 찾으려고 한다. 이것은 마치 자유인이 주인을 모시기 위해 우상을 만드는 것과 같다. 우리는 소망을 성취하기 위해 끝없이 노력하고, 달성하고 나면 또 다시 새로운 소망으로 달려가기 때문이다.

Arthur Schopenhauer

인간의 욕망은 타인에게 해를 끼치거나 악한 결과를 낳기 때문에 죄가 되는 것이 아니라 욕망 그 자체로 이미 사악하고 비난 받을 만하다. 세상이 잔인함과 고통으로 가득한 것은 인간의 맹목적인 삶의 의지가 반영되어 구체화된 모든 것들의 필연적인 결과이며, 이러한 의지를 설명하는 주석에 불과하다.

#소품과 부록

알아차려야
욕망이 조절된다

인간의 욕망은 본질적으로 이기적이다. 좋고 나쁜 것이 따로 있는 것이 아니라 그 자체가 극복해야 할 대상이다. 그러므로 나의 의지가 나를 종종 어디로 끌고 가고 있는지 시시각각 알아차릴 필요가 있다.

특정 욕망에 자주 집착하는 자신을 발견한다면 바로 그곳이 가장 좋은 출발점이다. 어떤 이는 돈을 혹은 권력을, 성욕이나 식욕을, 아니면 인정받고 사랑받으려는 욕망에 시달리지만 그 원인은 결국 '의지' 하나로 귀결된다. 살고자 하는 맹목적인 의지에서 모든 욕망이 빚어진다.

그래서 욕망은 맹목적이다. 끝이 없다.

'저기까지만 얻고 끝내야지.'라고 하지만

금세 잊어버리고 또 다시 결핍에 시달리는 것이 인간이다.

그러므로 달성하고 얻는 것이 중요한 것이 아니라

그 원천인 욕망을 쪼개고 쪼개어 줄여나가는 것이

더 현실적이다.

Arthur Schopenhauer

고통의 원인은 즐거움의 원인과 마찬가지로, 진짜 현실에 있지 않고 추상적인 생각에 있다. 일반적으로 우리의 가장 커다란 고통은 직관적 표상이나 직접적 감정이라는 형태로 현재에 있는 것이 아니라 추상적 개념과 괴로운 생각 등의 형태로 이성 안에 있다.

#의지와 표상으로서의 세계

고통은 어떻게
병이 되는가?

우리를 견디기 힘든 고통으로 몰아가는 것은 대부분 실제 사건보다 그것에 대한 생각들이다. 심각한 정신적 고통으로 시달리는 사람은 잠시라도 신경을 분산시키기 위해 스스로 육체적 고통을 가하기도 한다. 슬픔을 이기지 못해 머리카락을 쥐어뜯거나 가슴을 치고 땅바닥에 뒹굴면서 마음의 괴로움은 몸의 괴로움으로 전환된다. 생각은 이렇게 해서 몸을 다치거나 병들게 하는 것이다.

"인간을 힘들게 하는 것은 대개 일어난 일 그 자체가 아니라 그 것에 대한 믿음이다." 스토아철학자 에픽테토스가 말한 것은 옳다. 세네카 역시 "우리를 괴롭히는 것보다 우리를 두렵게 하는 게 더 많고, 우리는 실제 현실보다 자신의 생각 때문에 더욱 고통스러워한다."고 했다. 다친 아이들도 그 고통 때문에 운다기보다는 누군가가 가엾게 여길 때 비로소 아프다는 생각이 들면서 우는 것이다.

#의지와 표상으로서의 세계

생각이 감정을
키운다

:

한 아이가 달려가다 넘어졌다. 아무도 달려와주지 않자 아이는 그 냥 툭툭 털고 일어난다. 그러나 곁에 어른이 있거나 안타까워하는 사람의 시선을 발견한다면 더 크게 울거나 달려와 일으켜세워줄 때까지 주저앉아 있기도 한다.

성인이 되어서도 마찬가지다. 힘든 일이 닥치면 별 생각 없이 씩씩 하게 해결해나가다가도, 누군가가 자신의 사정을 봐줄 만한 사람 이 다가오면 그때서야 비로소 고통을 느끼면서 하소연을 시작한 다. 이는 혼자 있어도 마찬가지다. 고난을 해결해야 할 문제로 여기 는 사람에게는 고통을 느낄 새가 없다. 반면, 왜 나에게 이런 일이 일어나는지, 어디에서부터 잘못된 것인지, 나에게 문제가 있는 게 아닌지 등 생각에 생각을 거듭하면서 인간은 점점 더 괴로워한다.

067

주어진 삶에서의 행복은

얼마나 기쁘고 즐겁게 살았는지에 달려 있는 것이 아니라

적극적인 요소의 제거, 즉 고통을 줄이는 데에 있다.

#소품과 부록

바라는 것을 줄이면
고통도 줄어든다

지혜로운 사람은 기쁨이나 즐거움, 행복을 쫓아다니기보다 직접 마주칠 수 있는 재난이나 고통을 겪지 않도록 주의한다. 그래서 그들은 자신의 욕망을 잘 파악하고 한계를 스스로 정하고 절제하면서 바라는 것을 줄여나간다. 자신이 어떤 사람인지, 무엇에 끌려다니는지도 모르면서 한없이 달려가다 보면 어느새 그 대가는 오롯이 현실로 나타나 몸과 마음이 망가지거나, 경제적 어려움을 겪거나, 인간 관계로 인한 고난을 되풀이하게 된다.

Arthur Schopenhauer

제8장

수용

즐거움과 괴로움을 넘어서

068

Arthur Schopenhauer

가장 행복한 사람은
큰 기쁨이나 대단한 즐거움을 맛본 사람이라기보다는
몸과 마음에 큰 고통 없이 삶을 이끌어온 사람이다.

#소품과 부록

행복한 운명을
가진 사람

.
.
.

욕구가 많고, 그 욕구를 다양하게 채워온 사람이 행복한 사람이 아니라 오히려 채울 욕구가 적은 사람이 행복한 사람이다. 욕구가 많아 백방으로 뛰어다니는 사람은, 지금껏 그래왔듯이 앞으로도 계속 자신의 욕구를 충족시키기 위해 부단히 노력해야 하므로 그에 맞추어 고통도 늘어날 가능성이 높다.

Arthur Schopenhauer

인간은 아무것도 하지 않는 상태를 견디지 못한다. 지루함을 참을 수 없다. 이러한 충동은 스스로 잘 조절해야 하며, 그 자체로 만족할 수 있는 방법을 찾아보는 것이 좋다. 하려는 활동이 뭔가를 만드는 것이거나 배울 수 있는 것이라면, 그것만으로도 인간이 존재할 수 있다는 게 얼마나 행운인가!

#소품과 부록

매일 무언가를
완성해가는 즐거움

. . . . . .

고통스럽거나 고통스럽지 않아 지루한 것이 인생이라면 결국 우리는 두 가지 중 하나의 방법으로 대처할 수 있다. 고통이 왔을 때 고통을 최대한 줄일 수 있는 법을 터득하거나 지루함을 견디는 법을 익히는 것이다. 이 두 가지를 평소 자신의 성격과 상황에 맞게 잘 갖추어두면 어느 정도 고뇌를 덜 수 있다.

지루함을 해결하려면 행위 그 자체가 주는 즐거움이 중요하다. 결과로 얻는 즐거움은 곧 사라지지만 과정에서 얻는 즐거움은 그 과정이 지속되는 한 계속 누릴 수 있기 때문이다.

사람에 따라 다르겠지만 무엇인가를 두 손으로 만드는 것이 가장 좋은 예다. 도자기나 바구니를 만드는 일은 며칠에 걸쳐 이루어지면서, 그 과정을 통해 무언가가 만들어지는 것을 볼 수 있기에 소박하지만은 않은 창조의 기쁨을 준다.

Arthur Schopenhauer

두더지가 끊임없이 땅을 파듯, 항상 어려움과 맞서 싸우며 끊임 없이 노력하는 것이 인간에게는 당연한 것이다. 원하는 것을 모 두 가져봐야 즐거움은 곧 시들어 견딜 수 없게 되어버린다. 삶의 곳곳에서 장애물을 만나더라도 어려움을 극복하는 것이 존재의 충만한 기쁨을 경험하는 것이다.

#소품과 부록

계속 갈 것인가,
멈출 것인가?

．
．
．
．

인간이 어차피 자신의 의지로부터 자유롭지 못한 존재라면 고뇌를 숙명처럼 받아들여 어려움을 극복하는 것이 삶이라고 생각하는 것이 나을지도 모른다. 지금보다 더 나은 삶을 바라거나 막연한 행복에 대한 환상을 갖고 있다면, 오히려 그 자리에서 한 발짝도 나아갈 수 없다. 그러므로 어려움을 피하려고 하기보다 어려움을 넘어서면서 성장하는 것을 택하는 것이 어찌 보면 인간이 갈 수 있는 유일한 길일 것이다. 여러 가지 길 중 하나를 선택하는 것이 삶이 아니라 애초에 길은 하나뿐이고 우리는 결국 가고 있는가, 가지 않고 멈춰 서 있는가 둘 중 하나에 속하는 것일지도 모른다.

Arthur Schopenhauer

고통도 없고 지루함도 느끼지 않는다면 지상에서 가장 행복한 상태에 있다고 할 수 있다. 그 밖의 다른 것들은 신기루에 불과하다. 그러므로 고통을 치르면서, 위험을 감수하면서까지 즐거움을 맛보려고 해서는 안 된다. 그렇게 한다면 진짜 존재하는 것을 바쳐서 있지도 않은 신기루를 얻으려 하는 격이다. 이와 반대로 즐거움을 희생하면서 고통을 피한다면, 고통을 겪지 않는다는 순익을 얻을 수 있다.

#소품과 부록

지상에서
가장 행복한 상태

.
.
.
.
.

고통은 직접적이고 능동적인 것이므로 그 자체를 줄이는 것만이 해답이다. 반면 즐거움은 고통이나 결핍이 없어야 느낄 수 있는 간접적이고 수동적 성격을 갖기 때문에, 항상 고통이나 결핍을 없애는 노력을 해야 얻을 수 있다. 문제는 고통과 결핍을 제거해 느끼는 충족감이 얼마 지속되지 않아 곧바로 지루함이 찾아든다는 점인데, 이러한 지루함에서 벗어나기 위해 인간은 또 새로운 욕구와 고통, 결핍을 찾아낸다. 한마디로 즐거움을 찾는 여정은 끝없는 순환의 수레바퀴 위에 놓여 있는 것이다. 그러므로 고통 그 자체를 줄이는 것이 가장 효과적이다.

072

Arthur Schopenhauer

대기의 압력을 제거한다면 우리 몸은 순식간에 터져 산산이 부서져버릴 것이다. 인간의 경우도 마찬가지다. 무언가를 끊임없이 바라고 고된 일을 하며, 재난과 좌절을 겪으면서 힘들게 살아가지만 이러한 불편함이 삶에서 모두 제거된다면 인간의 오만함은 어리석을 정도로 극에 달해 광기에 가까워질 것이다. 한발 더 나아가 우리는 이렇게 말할 수도 있다. 배가 흔들리지 않고 곧장 나아가기 위해 배의 아랫부분에 바닥짐을 싣듯, 삶에도 어느 정도의 걱정과 슬픔, 결핍이 있어야 잘 살 수 있다.

#소품과 부록

결핍은
왜 필요한가?

:

어느 정도의 결핍이 있어야 우리는 새로운 도전을 한다. 어려움이 있는 덕에 자신을 살펴보고 뒤를 돌아본다. 고난과 고통을 굳이 찾아다니는 어리석음이야 부릴 필요 없겠지만 나에게 찾아온 고난을 충분히 경험하는 것은 중요하다.

세상의 거의 모든 일은 원인에 따른 결과로 온다. 알아차리는가, 알아차리지 못하는가 그 차이만 있을 뿐이다. 그러므로 고통스러운 일이 자주 벌어진다면 더욱 더 그 일을 곰곰이 들여다보아야 한다. 외면하고 회피하면 원인을 알아차리지 못해 같은 일이 반복되므로, 이에 따른 결과 역시 그 모양만 바뀌면서 계속 일어날 것이다. 재앙은 대개 그 이유를 제대로 알지 못하기에 반복되는 것이다.

Arthur Schopenhauer

후회란 의지가 변해서 생기는 것이 아니라 인식한 것이 변하는 데서 일어나는 것이다. 나는 시간과 변화를 초월하는 의지, 그 자체이기 때문이다. 그러므로 나는 의지가 일으킨 것을 후회할 수 없고 한 일을 후회할 수 있을 뿐이다. 이성의 잘못된 판단, 즉 잘못된 개념에 의해 나의 의지에 거스르는 것을 한 것이다. 더 정확하게 인식하고 의지로 통합되는 통찰을 하는 것, 그것이 후회다.

#의지와 표상으로서의 세계

후회에
대하여

인간의 생각은 자신이 처한 환경이나 상황에 따라 끊임없이 바뀐다. 새로운 결심을 하고 각오를 다지지만 변함없이 가동되는 것은 '무의식'의 영역일 뿐이다. 우리는 주로 의식적인 생각을 신뢰하지만 상황이 불리하면 얼른 합리화하며 자신을 속이는 것이 '의식'이다. 그래서 항상 계획은 달성되지 못하고 다이어트는 실패하며 돈은 모이지 않는다.

'의욕한 것은 후회할 수 없고, 한 일을 후회할 수 있을 뿐이다.' 이 말은 쇼펜하우어 철학의 핵심이다. 의지는 후회할 수 없고 돌이킬 수도 없으며 뜻하는 대로 만들어낼 수도 없다. 그러므로 내 생각에 속아, 보고 싶은 내 모습만 보려고 하지 말고, 있는 그대로의 나를 통해 의지가 하는 것, 무의식이 하는 일을 그대로 보아야 한다. 그 과정에서 후회가 일어난다.

Arthur Schopenhauer

사람들은 은밀하게 숙고해 선택한 행동을 하면서도 미처 생각할 틈도 없이 한 것처럼 한다. 이것은 자기 자신을 속이기 위한 것이다. 이렇게 교묘한 수단을 동원해 우리는 다른 누구도 아닌 자기 자신을 속이고 자신에게 아첨한다.

#의지와 표상으로서의 세계

자신을 속이는 것이
제일 쉽다

.
.
.
.
.

내가 하고 싶은 것을 이루고, 바라는 것을 얻기 위해 우리는 모두 최선을 다해 생각한다. 자기 자신을 방해하거나 망치기 위해 심사숙고하는 사람은 없을 것이다. 그런데도 막상 일이 잘 안 풀리거나 계획대로 되지 않으면 생각이 부족했다고 자책한다. 충분히 생각했다면 피할 수 있었다 믿고 싶어 한다.

당신은 어떤 순간에 자기 자신을 속이는가?

Arthur Schopenhauer

세상은 그가 바라보는 시각에 따라 달라진다. 어떤 이에게 세상은 지루하고 황량한 것이며, 어떤 이에게는 흥미롭고 의미가 가득한 곳이다. 어떤 사람이 자신의 경험을 흥미진진하게 얘기할 때, 많은 사람들은 자신도 그런 경험을 해보았으면 생각하겠지만, 사실은 그가 남들은 소홀하게 지나칠 수도 있는 경험을 중요하게 간파하고 묘사해내는 능력을 부러워해야 할 것이다.

평범한 사람에게는 진부하고 당연한 일이 비범한 사람에게는 흥미로운 모험이 된다. 마찬가지로 낙천적인 사람이 재미있는 갈등이라고 바라보는 것이, 우울한 기질을 가진 사람에게는 비극적인 장면으로 생각되고, 냉담한 사람에게는 아무런 의미도 주지 못하는 것이다.

#소품과 부록

세상은 나의 시각에 따라
달라진다

Arthur Schopenhauer

의지는 가장 바닥에서 위에 이르기까지 모든 단계에서 최종 목표와 목적도 없이 끊임없이 움직인다. 그렇게 고군분투하는 노력이야말로 의지의 유일한 본질이기에 어떠한 목표를 달성해도 끝이 나지 않으며 궁극의 만족이란 없어서 저지해야만 붙잡을 수 있다. 본질적으로는 무한히 나아가는 것이다. 우리는 이러한 것을 모든 자연현상에 있는 가장 단순한 것, 중력에서 이미 보았다. 중력은 멈추지 않고 애쓰며 끝없이 중심점을 향해 밀치고 나아간다.

#의지와 표상으로서의 세계

인간 안의 중력,
의지의 힘

⋮

땅으로 떨어지는 모든 것은 중력의 지배를 받는다. 중력 때문에 가벼운 것, 무거운 것 가릴 것 없이 바닥으로 떨어진다. 우리가 건물 내부의 3층 어느 방 안에서 떨어뜨린 사과는 3층의 바닥에 떨어지는 것이다. 만약 그러한 바닥이 없다면 2층을 통과하고 1층을 통과해 지면으로 떨어질 것이다.

이처럼 '의지'도 바닥처럼 중간에 가로막는 것이 없다면 무한히 노력하고 무한히 끌어당기며 지배하는 원초적 힘이다. 그러므로 의지를 만족시키기란 애초에 불가능하다. 목표도, 목적도 없이 맹목적으로 노력하는 것이기 때문이다.

인간이 한없이 무언가를 향해 움직이는 것은 바로 이러한 의지의 동력에 따른다. 그로 인해 즐거울 수도 있고 괴로울 수도 있다. 우리들은 의지가 빨리 목표를 달성하면 만족스러워하고, 더디게 충족되거나 제지당하면 힘들어한다.

077

삶은 결국엔 다 잃어버릴 것이 확실한데도 끝까지 살아남으려고 싸우는 전투에 불과하다. 하지만 이런 호된 전투를 견딜 수 있게 하는 것은 삶에 대한 사랑이라기보다는 죽음에 대한 공포다.

#의지와 표상으로서의 세계

삶의 가장 강력한 동력은
죽음에서 나온다

⋮

오직 인간만이 죽음을 의식한다. 애초에 내가 시작한 삶도 아니면서 언제 끝날지 몰라 불안해한다. 왜 우리는 죽음을 두려워하고 가능한 한 뒤로 미루고 싶어 할까? 세네카는 죽음을 두려워할 것이 아니라 단 하루도 제대로 살지 않았음을 두려워해야 한다고 했다. 우리가 진정 걱정해야 할 것은 바로 '지금 이 삶이 충분히 괜찮은가? 이대로 마무리되어도 여한이 없을 만큼 최선을 다해 살았는가?' 하는 문제가 아닐까?

078

Arthur Schopenhauer

옆에 있는 사람에게서, 혹은 내 주위의 어떤 것에서 아주 작은 불쾌감을 느낀 것에 불과하더라도 우리는 그것을 머릿속에 품어 여러 번 생각하거나 강렬한 색깔로 색칠해가면서 엄청난 괴물로 부풀리기도 한다. 불쾌하게 생각되는 것들에 대해서는 최대한 차분하고 담담한 시각을 갖는 것이 그것을 극복하는 가장 쉬운 길이다. 작은 티라도 눈에 묻으면 시야를 가려 세상을 제대로 못 보게 하는 법이다. 가까이에 있는 문제, 근처에 있는 사람일수록 별 것 아닌 것들로 주의를 흐트러뜨려 정작 진지한 생각이나 중요한 일들을 하지 못하게 만들기 쉽다. 이런 일이 일어나지 않도록 주의해야 한다.

#소품과 부록

196

눈에 묻은 티를
주의하라

. . . . .
. . . . .

눈에 티끌이 들어가면 아프고 흐릿하게 보여 신경이 쓰인다. 일단
이것을 빼내야 다른 것에 주의를 집중할 수 있다. 그래서 거울을 들
여다보고 물로 씻거나 닦아내는데, 그래도 빠지지 않을 경우 머릿
속은 온통 이 티끌에 대한 불편함으로 가득해진다. 눈으로만 모든
신경이 곤두서게 되어 사소한 일에도 심각하고 크게 반응해 문제
가 아닌 것들이 문제가 되기도 한다.

Arthur Schopenhauer

제9장

통찰

의미는 항상 뒤늦게 온다

Arthur Schopenhauer

우리 삶은 모자이크를 닮았다. 가까이에서 보면 어떤 형체인지 알 수 없다. 멀리서 보아야 아름답다고 느낀다. 인간은 갈망하던 것을 얻고 나서야 그게 헛된 것이었음을 깨닫는다. 그리고 더 나은 것을 기대하며 살아가지만 동시에 과거를 안타까워하며 많은 시간을 흘려보낸다. 정작 현재는 아주 일시적인 것처럼 느끼고 목표를 향해 가는 과정이나 길 정도로만 여긴다. 그래서 많은 사람들이 나이가 들어 삶을 돌아볼 때라야 비로소 인생 전체를 거의 '임시로' 살아왔음을 깨닫게 된다. 다른 것을 기대하느라 제대로 보지도 못하고 즐기지 않고 흘려보냈던 것들이 결국 삶이었으며, 지나친 것들이 사실은 자신이 그토록 기대했던 것이었음을 깨닫고 놀라게 된다.

#소품과 부록

삶은
모자이크와 같다

먼 곳을 바라보며 막연한 행복을 꿈꾸던 사람은 어느 새 과거를 돌아보는 나이로 접어든다. 과거는 항상 짧게만 느껴지고 삶은 찰나의 순간에 불과하다. 많은 고난과 인내의 세월을 보냈지만 얻은 것이 없는 것만 같다. 남아 있는 것이 무엇인지 세어 보고, 지키려고 안간힘을 써보지만 현실은 서글프게 느껴지기도 한다. 이때쯤 되면 비로소 알게 된다. 무언가를 얻기 위해, 무언가를 해내기 위해 인내하며 보냈던 시간들이 사실은 삶이었음을. 결과라는 것은 사실 환상에 불과하다는 것을.

080

Arthur Schopenhauer

젊은 시절에는 노력하면 행복을 얻을 수 있으리라 상상한다. 그 이미지는 인생의 절반 동안 혹은 평생 끊임없이 우리 눈앞을 빙빙 맴돈다. 하지만 그것은 우리를 놀려대는 유령이다. 꿈이 실현되었을 때 그 그림은 온데간데없이 사라지고 실제로 무엇을 얻을 수 있는지 약속된 것은 하나도 없었다는 것을 깨닫게 된다.

#소품과 부록

젊은 시절은 허비하고
나이 들어서는 후회한다

:
:
:

누구나 꿈을 가져야 한다고 말한다. 목표와 계획은 사람을 이끄는 동력이다. 내가 어디로 가고 있는지 들여다 볼 수 있는 지도가 있으면, 먼 길을 가더라도 힘도 덜 들고 불안하지도 않을 것이다. 그래서 젊은이들은 자신의 꿈이 무엇인지, 원하는 것을 알기 위해 너무나 많은 시간을 보낸다. 삶을 제대로 살아보기도 전에 삶을 준비하고 예상하느라 시간과 노력을 허비한다. 하지만 막상 우리의 삶은 항상 그보다 못하기 때문에 불만족스럽다. 그래서 꿈이 클수록 현실을 충실히 살지 못한다. 준비만 하다가 꿈만 꾸다가 훌쩍 나이가 들어버린 사람들은 제때 부딪쳐야 할 현실을 생략하며 건너뛰다가 미성숙한 상태로 어른의 옷만 빌려 입게 된다.

Arthur Schopenhauer

인생의 끝으로 갈수록 가장 무도회의 끝에 가면을 벗는 것과 같은 일들이 벌어진다. 그때 당신은 주위에 있던 사람들이 어떤 사람들이었는지 알게 된다. 삶의 끝에서 성격은 완전히 드러나고, 행동이 결실을 맺고, 그동안 해온 성과들이 제대로 평가 받으면서 가면이 조각조각 부서진다. 이 모든 일이 일어나기 위해 시간이 필요했던 것이다. 하지만 가장 흥미로운 사실은 삶의 끝에 이르러서야 다른 사람들과의 관계를 통해 진짜 자기 자신을, 다시 말해 자신을 따라다녔던 생의 목표와 목적을 알아차리고 이해하게 된다는 것이다.

#소품과 부록

끝으로 갈수록
가면이 벗겨진다

．
．
．
．
．

의미는 항상 뒤늦게 온다. 간절히 알고 싶어서 이리 뛰고 저리 뛰는 젊은 시절에는 보이지 않았던 삶의 의미와 목표가 힘이 좀 빠지기 시작하는 나이가 되어서야 서서히 보이기 시작한다.

많은 사람을 만나고 웃고 울고 싸우고 돌아서고 다시 만나며 진짜 자신을 알아간다. '나'라는 것은 '너'와의 관계에서만 명확해진다. 그래서 '나'라는 것은 내 안에 있는 것이지만 '나'와 '너' 사이에 있는 것이기도 하다.

우리가 써온 가면들은 오래 만나온 친구들과 가족들 앞에서 서서히 벗겨지면서 참된 나로 살아가도록 그 자리를 양보한다. 그제야 나를 보고 내 성격을 알아차리며 삶의 의미가 드러난다.

Arthur Schopenhauer

젊은이들은 열정에 이리저리 끌려다니며 행복은커녕 많은 고통
에 시달린다. 나이가 들어서야 식어버린 열정은 사람을 더 이상
괴롭히지 않는다. 그제야 지성은 자유로워지고 우위를 점하게
되면서 노인의 정신은 명상적인 성향을 띠게 된다. 이때 얻는 마
음의 평정이야말로 행복의 조건이자 본질적 요소이다.

행복이 노년에
오는 이유

완벽하게 대비했다고 믿었던 일도 어떤 변수가 생길지 예측하기 어렵고, 지금 하고 있는 일이 어떤 결과를 가져다줄지 늘 막연하고 두렵다. 과거 또한 현재의 나에게 해준 것이 없다 느껴지는데, 지금처럼 살다가는 영영 나아지지 않을 것 같아 불안하다. 해야 할 것은 너무나 많은데 가진 것은 늘 부족하니 자신이 한없이 초라하게 느껴지기도 한다. 젊은 시절은 그저 고통을 어떻게 잘 견딜까, 불필요한 고통을 줄이고 어떻게 나답게 살아갈 것인가에 전념하기만 해도 벅차다. 행복을 논하기에는 아직 이른 시간이다.

Arthur Schopenhauer

경험이 주는 선물은

삶을 단순한 시각으로 보게 한다는 것이다.

성숙한 인간은 세상을 있는 그대로 볼 수 있다.

단순하게
세상을 본다는 것

.
.
.
.

나이가 들면 젊은 시절의 복잡하고 심각한 고민들이 점차 사그라지고 필요한 것에만 집중할 여유가 생긴다. 내 마음이 단순해지니 세상도 비교적 단순하게 보이는 것이다. 내 생각과 감정을 투사하지 않고, 있는 그대로 세상을 볼 수 있는 지혜가 싹트기 시작한다. 이때부터 나를 있는 그대로 받아들이는 것이 비로소 가능하다. 사람을 무언가를 잘하거나 못하는 '기능'이 아니라 그 자리에 있는 '존재'로 보기 시작하는 것이다.

Arthur Schopenhauer

지나친 즐거움과 격렬한 고통은 언제나 동일한 사람에게서만 나타난다. 지나치게 즐거워하는 사람이 극심한 고통을 겪는 법이다. 지나친 기쁨과 슬픔은 언제나 오류와 망상을 토대로 자리 잡는다. 이러한 지나친 반응은 통찰을 통해 피할 수 있다. 지나친 기쁨은 언제나 삶 속에서 끝없이 새로 태어나는 욕망이나 걱정을 지속적으로 만족시키려는 망상에서 나온다.

#의지와 표상으로서의 세계

너무 행복하면
곧 너무 불행해진다

너무 행복하다는 사람은 곧 너무 불행하다고 외치기도 한다. 인생은 본래 그렇게 심하게 괴로워할 일도, 너무 좋아서 펄쩍 뛸 일도 없다. 다른 사람보다 유독 기쁨이나 슬픔에 민감하고, 괴롭고 어두운 것은 피해가면서 좋은 것만 경험하고 싶어 하는 사람일수록 더더욱 불안에 안절부절 못하는 경우가 많다. 이들은 더 나은 삶을 꿈꾸고 희망과 기대를 바라지만 나 자신은 통제 불능인 상태로 방치하고, 이리 저리 끌려다니며 스스로 화를 부른다. 좋은 일은 좋은 일대로, 좋지 않은 일은 좋지 않은 일대로 겪어나가면 그만이다. 다만 내가 나를 반복적으로 괴롭히는 일은 없어야 한다. 그것이야말로 가장 어리석고 안타까운 일이다.

A r t h u r   S c h o p e n h a u e r

일에서든 일상생활에서든 우리가 신경 쓰는 일들은 별 관련성도 없고 정해진 순서도 없이 마구잡이로 일어난다. 그러니 우리에게 벌어지는 잡다한 일들에 대한 생각이나 불안도 그에 따라 두서없이 일어나는 것이 당연하다. 그러므로 하나의 문제에 대처할 때 가장 먼저 해야 할 것은, 다른 것에 대한 자신의 주의를 철회하는 것이다. 하나에만 집중해야 한다. 그래야 각 문제를 제때 해결할 수 있고 극복하는 것을 즐길 수 있다. 말하자면 우리의 생각이란 작은 서랍들처럼 하나씩 차례로 열어서 보아야지 한꺼번에 여러 개를 열어서는 어느 것 하나도 제대로 들여다 볼 수가 없다.

#소품과 부록

걱정은
한 가지씩만 하라

불안한 사람일수록 걱정이 많은 것은 자신이 해결할 수 있는 것보다 항상 더 많은 걱정을 한꺼번에 머릿속에 펼쳐 놓기 때문이다. 이 것은 여러 개의 서랍을 동시에 열어 그 안을 한 번에 들여다보려고 하는 것만큼이나 불가능하고 무모한 일이다. 눈은 한 번에 하나의 서랍밖에 볼 수 없다. 생각도 한 번에 하나씩만 열어서 차분히 들여다보고 닫은 후 또 다른 서랍을 열어 차례차례 해결해나가야 한다.

Arthur Schopenhauer

어둠은 우리를 소심하게 만들어 무서운 상상을 하게 한다. 불확실한 생각도 이와 비슷한 결과를 낳는다. 그러므로 밤에는 생각과 판단을 내려놓고 쉬어야 한다. 밤은 그것이 무엇이든 간에 모든 것을 어둡게 보이게 한다. 밤에 심각하거나 불쾌한 주제에 대해 생각하는 것은 적절하지 않다. 하루의 유년기에 해당하는 아침은 모든 것이 밝고 싱싱하며 경쾌하다. 노년기에 해당하는 저녁은 말이 많아지고 실수하기 쉽다.

#소품과 부록

밤에 할 일과 아침에 할 일은
따로 있다

밤에 누워서 생각을 하다 보면 보람 있고 잘한 일보다는 잘 못한 것이나 두려운 것들이 더 크게 부각되는 경우가 많다. 그 어느 하나에 생각을 집중하면 점점 더 문제가 크게 보이면서 옴짝달싹하지 못하게 되는 수도 있다. 부정적인 생각에 암울한 면만 보이며 낮에 했던 진취적인 생각들이 허무맹랑하게 느껴져 귀찮아지거나 물러서고 싶어진다. 그래서 중요하게 결정해야 할 문제들은 아침에 생각해야 한다. 저녁은 반성하고 돌아보기에 좋다. 하지만 너무 오래 생각하면 좋지 않다. 오히려 과도한 걱정으로 몸을 상하게 할 뿐이다.

Arthur Schopenhauer

행복하기 위해 꼭 필요한, 가장 중요한 것은 건강이다. 건강할 때
는 충분한 일과 강도 높은 노력으로 몸을 항상 단련해야 한다. 근
육은 쓸수록 강해지기 때문이다. 하지만 신경은 쓸수록 약해진
다. 그러므로 근육은 적절한 긴장을 주어 항상 운동해야 하지만
신경은 꼭 필요할 때에만 쓰고 최대한 쉬게 해줘야 한다. 지나치
게 많은 생각으로 자신의 정신력을 일찍 소모해버리는 것은 어
리석다.

#소품과 부록

생각이 많은 것과
깊은 것은 다르다

. . . . .

깊게 생각해 통찰을 얻는 것과 지나치게 많은 생각으로 신경이 예
민해지는 것은 어떻게 다른가?

Arthur Schopenhauer

책을 산다는 것이 그 책을 읽을 시간도 같이 사는 거라면 얼마나 좋겠는가. 하지만 우리는 대체로 책을 사면서 그 내용을 이미 얻은 것처럼 착각한다.

#소품과 부록

책은
왜 읽어야 하는가?

:
:
:

구입한 책을 다 읽는 사람은 많지 않다. 우리는 알고 싶은 만큼 책을 산다. 하지만 끝까지 다 읽는 경우는 거의 없다. 한 권의 책을 여러 번 읽어 이해하고 소화하면서 비판적으로 걸러, 내 생각으로 다지기까지 많은 시간이 걸리지만, 급한 마음은 벌써 다른 책으로 시선을 돌리게 한다. 세네카는 이 책, 저 책 마구 읽으려 하지 말고 한 사람의 저자를 정해 그 사람의 책을 차례대로 모두 읽어 저자의 인생과 세계관을 파악하면서 차근차근 완전히 이해하는 방식의 독서를 권했다. 많은 책을 조금씩 읽는 것보다 한 권의 책을 여러 번 읽는 것이 더 나은 독서인 것만은 분명하다. 왜냐하면 책을 읽는다는 것은 결국 생각하기 위한 활동이기 때문이다. 독서는 내 생각에 불을 지피기 위해 불쏘시개를 찾는 일이라 할 수 있다.

Arthur Schopenhauer

책으로 공부한 개념은 본질적인 것들을 가져다주지 않는다. 모든 지식의 근본과 참된 내용은 직관으로만 만날 수 있다. 그러므로 아무리 뛰어난 학자나 현자를 만나도 얻을 수 있는 것이 아니며, 오직 우리 스스로가 나를 통해 나의 것으로 얻어야만 하는 것이다.

#소품과 부록

남의 생각을
내 것으로 만들 수는 없다

․
․
․
․
․

쇼펜하우어는 생각할 시간을 갖지 않고 책만 많이 읽는 사람을 '남이 먹다 남은 음식을 먹는 사람'이라고 혹독하게 비판했다.

독서란 본질적으로 '창의적인 작업'이 되기 힘들다. 책만 읽다가 자신의 이론을 발견하거나 새로운 것을 발명한 사람은 없다. 자신의 삶에서 직관적으로 느낀 것에서 질문이 나온다. 그 질문을 가지고 책을 찾아 읽거나 관찰을 하면서 내 생각이 만들어진다. 그러므로 강연장을 백 번 찾아가고 남이 쓴 책을 백 권 읽느니, 한 권을 여러 번 읽으면서 그에 비추어 자신에 대해 백 번 생각하고 의심해보는 것이 훨씬 낫다. 창의적이고 의미 있는 발견을 원한다면 말이다.

Arthur Schopenhauer

독서를 했다고 내용을 다 안다고 할 수 없는 것처럼 경험했다고
해서 안다고 할 수 없다. 입으로 들어간 음식이 소화와 흡수를 거
쳐야 영양분이 되듯, 경험도 충분한 생각과 발견을 통해야 지식
이 된다. 그러므로 단순히 경험이 많다고 과시하는 것은 '내가 몸
을 먹여 살리고 있다.'고 입이 뽐내는 것과 같다.

#소품과 부록

Arthur Schopenhauer

우리가 순전히 직관적일 때에 모든 것은 명백하고 확고하며 분명하다. 질문도 의심도 잘못도 없다. 어느 누구도 더 바라지도 않고 더 얻을 수도 없으며 직관에서 평정심을 느끼고 현재에 만족한다. 직관은 스스로 충분하다. 천재들의 예술작품처럼 직관에서 나오는 것은 무엇이든 사실이며 시간이 흐른다고 해서 잘못되는 것도 아니다. 왜냐하면 직관에서 나온 것은 주관적인 견해가 아니라 본질 그 자체이기 때문이다. 하지만 추상적 인식과 이성이 덧붙여지면서 이론적인 면에서는 의혹과 오류가 나타나고 실제적인 면에서는 걱정과 후회가 생겨난다.

#소품과 부록

직관과
무의식적 판단의 힘

우리에게는 이성이 있어서 생각할 수 있고, 언어가 있어서 철학과 같은 고도의 추상적 생각을 발전시키고 타인과 나눌 수 있다. 이는 인간을 인간답게 하는 고유의 능력이다. 하지만 우리의 이성은 기대하는 것만큼 온전히 기능하지 못한다. 뇌는 쉽게 피로해지고 인지 능력은 제한적이어서 모든 것을 통제하지 못하며 에너지를 들일 필요 없이 자동적이고 무의식적인 처리에 상당 부분 의존한다. 그래서 인지적 피로를 불러일으키지 않는 직관은 종종 정직하고 날카로운 판단을 이끌어낸다. 알아차리지 못하고, 의도하지 않은 것이 때로는 의식하고 계획한 것보다 나을 때가 있지 않은가?

Arthur Schopenhauer

제10장

관계

나는 네게서 완성된다

092

Arthur Schopenhauer

'세계는 나의 표상이다.'

이것은 살아있고 인식하는 모든 존재에게 적용되는 진리이다. 하지만 인간만이 성찰하는 추상적 의식을 할 수 있으며, 그가 정말로 의식을 할 때에만 철학적 사고의 앎은 일어난다. 그래서 인간은 태양을 알고 땅을 아는 것이 아니라 오직 태양을 보는 눈과 땅을 만지는 손을 안다는 것이다. 즉, 인간을 둘러싼 세계는 오직 표상으로 존재하며, 이 말은 곧 세계는 다른 무언가, 인간과의 관계에서만 존재한다는 것이 명백하고 확실해진다. 그러므로 이보다 더 확실하고 다른 진리들과 무관하며, 이보다 더 증명할 필요를 느끼지 못하는 진리도 없는데, 바로 인식을 위해 존재하는 모든 것은, 즉 이 세계 전체는 오직 주관과 관련된 객관일 뿐이며 직관하는 자의 직관, 즉 표상이다.

#의지와 표상으로서의 세계

우리가 논하는 세상은
표상에 불과하다

다섯 사람이 중국으로 여행을 갔다. 한 사람은 문명의 찬란함에 감탄하며 역사성을 느끼고, 한 사람은 사람들의 구매 수준을 보면서 경제 성장 속도를 실감하고 두려움을 느낀다. 한편 무단횡단을 하고 줄도 서지 않는 사람들을 보며 문화수준이 멀었다고 할 수도 있다. 그런가 하면 속속 출시되는 전자제품을 보면서 중국의 제조능력과 기술을 유심히 보는 사람도 있다.

모두가 다른 인상을 받았지만 그렇다고 해서 중국이라는 실체가 없는 것은 아니다. 중국은 이미 그 전에 '존재한다'. 하지만 보는 사람의 시각에 따라 다르게 지각된다. 그것이 '표상'으로서의 세계다. 지각하는 주체가 있는 한, 모든 지각되는 대상은 '표상'이다. 우리에게 의미를 갖는 세계는 우리가 보고 머릿속에서 그리는 그림인 '표상'에 해당한다. 그러므로 우리는 어디까지나 표상을 보고 느끼며 말할 수 있을 뿐이다.

순수하게 그 자체로 보면, 의지는 인식하지 못하며 단지 맹목적으로 끊임없이 충동하는 것이다. 하지만 의지는 자신이 의욕한다는 것과 자신이 의욕하는 것이 무엇인가에 대한 인식을 얻는다. 즉, 자신의 의욕하는 것은 자신의 앞에 있는 이 삶, 이 세계라는 것을 안다. 바로 이러한 이유로, 우리는 현상 세계를 의지의 거울이자 의지가 객관화된 것이라고 부른다. 그러므로 항상 의지가 의욕하는 것이 삶이다. 왜냐하면 삶이란 표상에 대해 그 의욕이 드러난 것에 지나지 않기 때문이다. 의지는 물자체이며 세계 내부의 본질인데 반해, 현상은 단지 의지의 거울이므로 몸에 그림자가 따라다니듯이 의지에는 이러한 삶, 보이는 세계, 현상이 반드시 떨어지지 않고 따라다닐 것이다. 그리고 의지가 있다면 삶도, 세계도 존재할 것이다.

#의지와 표상으로서의 세계

의지는 본래
자유롭다

더 바랄 것이 없어서 피할 것도 없는 사람에게는 불안도, 두려움도 없다. 삶을 온전히 즐기며 자신과 타인을 있는 그대로 받아들인다. 과거에 대한 미련도, 미래에 대한 환상도 갖지 않는다. 그는 이미 개체로서의 욕망을 꺾을 줄 아는 자다.

Arthur Schopenhauer

우리는 앞에서 삶에는 고통이 본질적이며, 삶과 고통은 분리할 수 없다는 것을 살펴보았다. 그리고 모든 욕망은 결핍과 고통에서 나오는 것이며 모든 만족은 고통을 제거하는 것에 불과하지, 특별한 긍정적 행복을 가져다주는 것이 아님을 알게 되었다. 그리고 즐거움은 그것이 마치 적극적으로 무언가를 얻는 것처럼 욕망을 속이지만, 사실은 소극적인 성질을 지니며 화를 면한 것에 불과하다는 것도 알게 되었다. 그러므로 타인에 대한 선의, 사랑, 관대함은 자기 자신의 고통을 줄이는 것이다. 그리고 선행과 자선사업은 항상 자신의 고통을 토대로, 타인의 고통을 자신의 고통과 동등하게 이해하는 인식에서 나온다. 즉, 모든 참되고 순수한 사랑은 연민이고, 연민이 아닌 모든 사랑은 이기적인 욕망에 불과하다.

#의지와 표상으로서의 세계

연민은
나를 돕는 것이다

. . . .

오직 연민이야말로 참된 사랑이다. 연민이 아닌 사랑은 사욕에 불과하다. 나의 욕구를 비추면서 상대에게 무엇을 바라는 것이 아니라 있는 그대로 그 존재를 껴안는 것이 사랑이다. 연민은 나와 상대가 진정 같은 존재라는 것, 결국 아무것도 아닌 이 세계에서 끝없이 헛된 욕구를 일으키며 번민하고 고통스러워할 수밖에 없는 존재라는 것을 이해하는 데서 비롯된다. 그러므로 연민에서 비롯된 자비심, 참된 사랑은 자기 자신의 고통을 녹이는 결과를 낳는다. 연민에서 비롯된 선한 행위야말로 순수하게 타인을 도울 수 있으며 이는 결국, 자기 자신을 근본적으로 돕는 일이다.

Arthur Schopenhauer

이기심에 사로잡힌 사람이 다양한 번영과 재난에 따라 변덕을 부리는 것과 달리, 그는 개별화의 원리를 꿰뚫어 모든 것이 동등하게 놓여 있음을 본다. 그는 전체를 인식하고 본질을 이해한다. 끊임없이 사라지고 헛되이 투쟁하며 내면의 투쟁과 지속되는 고통을 가지고 있는 것이 인간임을 안다. 그리고 어디를 바라보든 고통 받는 인간과 동물을, 사라지는 세계를 본다.

#의지와 표상으로서의 세계

좋은 사람도
나쁜 사람도 없다

항상 불만에 차 있고, 타인에게 화살을 돌리는 사람은 아직 자신의 밑도 끝도 없는 이기심을 파악하지 못한 것이다. 저 사람은 좋은 사람이다, 저 사람은 나쁜 사람이다 재빨리 판단하며 유리한 인간관계를 맺고자 노력하지만, 자신의 이기심에서 한 발짝도 벗어나지 못해 항상 그 자리를 맴돌며 만났다 헤어졌다를 반복한다. 어느 누구를 만나도 나의 이기심만 확인하게 될 뿐이다. 한편 개인이라는 것이 결국, 각자 자신의 욕구로 비춘 환상을 삶이라 착각하며 쫓아가는, 운명적으로 고통스러울 수밖에 없는 존재라는 것을 아는 사람은 나와 타인에게 공평하다. 그들에게는 좋은 사람도 나쁜 사람도 없다.

Arthur Schopenhauer

희망이라는 이름의 유혹과 수다스런 현재의 아첨, 달콤하게 즐길 수 있는 것들, 그리고 우리가 우연과 오류의 지배를 받으며 고통스럽게 세계의 슬픔을 겪는 가운데 할당된 안녕은 우리를 끌어내 다시 결박한다. 그래서 예수는 "낙타가 바늘귀를 통과하는 것이 부자가 천국에 들어가는 것보다 쉽다."고 했다.

#의지와 표상으로서의 세계

기대감과 환상을
넘어서

인간을 괴롭히는 것은 고통이 아니라 기대감이다. 헛된 희망은 지금 여기의 삶을 그대로 살지 못하게 한다. 자꾸 두 발을 띄워 신기루를 바라보게 함으로써 아무것도 손에 잡히지 않게 한다. 어디에선가 자신의 환상이 현실화될 가능성이 조금이라도 보이면 더더욱 그 환상을 포기하지 못한다. 그래서 영영 돌아올 수 없게 된다.

Arthur Schopenhauer

하지만 나의 욕구와 바람이 고작 의지의 움직임에 불과하다는 것을 간파한 사람은 그러한 위로를 더 이상 수용하지 않는다. 그는 모든 곳에서 동시에 자신을 보며 거기에서 걸어 나온다. 의지의 현상에 불과한 존재로 그의 의지를 어디엔가 집착하지 않도록 주의하며 모든 것에 냉정을 유지하려고 애쓴다.

#의지와 표상으로서의 세계

모든 것에서
나를 본다

· · · · ·

행복에 대한 환상, 더 나은 삶에 대한 기대감과 희망. 이런 것을 갖고 있는 사람은 세계의 본질을 아직 정확히 알지 못하는 것이다. 그리고 자신의 삶은 저 불행한 사람들과 다를 것이라는 어리석은 이기심에서 아직 한 발짝도 벗어나지 못한 것이다. 세계는 각자 자신의 욕구를 쏘아 올려 만든 그림에 불과하고, 그런 그림에 휘둘리며 평생 알 수 없는 것에 쫓겨 다니는 고통스런 인간의 운명을 아는 사람은 그 어떤 희망과 기대에도 매이지 않아 자유롭다.

098

Arthur Schopenhauer

고대 인도의 문헌인 베다에 이런 구절이 있다.
'배고픈 아이들이 엄마에게 달려들듯
모든 존재는 숭고한 희생을 갈망하며 기다린다.'

희생이란 일반적으로 체념을 의미한다.
자연은
사제인 동시에 희생자이기도 한 인간에게서
구원을 기대해야 한다.

#의지와 표상으로서의 세계

240

타인의 고통을
볼 줄 아는 자

∴
∴

인간은 오직 스스로 구원할 수 있다. 그리고 스스로 구원한 사람만이 타인을 도울 수 있다. 희생이란 자신의 의지를 간파하고 꺾어버리는 것, 욕구를 체념하는 것이다. 자아의 고통에서 벗어나면서 시작되는 타인의 고통에 대한 동정, 연민에서 사랑은 시작된다. 지속적으로 행복한 삶은 불가능하지만 위대한 삶은 가능하며, 그것은 곧 이러한 사랑을 실천하는 삶이다. 나 자신의 고통에 사로잡히지 않고 훌쩍 뛰어넘어 우리 모두의 고통을 볼 줄 안다는 것이다.

099

이러한 의지의 자기 무효화는 인식에서 비롯되지만 모든 인식과 통찰은 선택과 무관하게 일어나므로 사실상 이러한 의욕의 부정, 자유의 일어남은 의도적으로 강요할 수 없고 사람의 인식과 의욕 사이의 가장 깊숙한 관계에서 비롯되는 것이다. 그렇기 때문에 느닷없이 갑자기 날아온 것처럼 일어난다.

#의지와 표상으로서의 세계

깨달음이
갑작스러워 보이는 이유

．
．
．
．

내가 원할 때에 불러낸다고 해서 생각이 오는 것이 아니듯, 인식과 통찰도 내가 의도한 대로 할 수 있는 것이 아니다. 의지가 드러난 표상을 보면서 인식을 거듭하는 것, 그럼으로써 의지를 긍정하거나 부정하거나 하는 것. 많은 시간을 거쳐 직관적으로 이해하고 이성적으로 조절해가는 이 여정은 인식이 의욕을 얼마나 알아차려 끌어올릴 것인가에 달려 있다. 눈에 보이지 않는 과정이어서 그 결과는 항상 갑작스럽게 보인다.

Arthur Schopenhauer

삶에 만족하고 모든 것에 대해 완벽하다고 느끼는 사람, 지금까지 경험한 삶이 끝없이 지속되거나 다시 반복되어도 좋다며 조용히 사색하는 사람, 그리고 그들의 생명력은 너무나 위대해서 삶을 즐기려 하지 않고 기꺼이 모든 역경과 고통을 받아들이는 사람. 그런 사람은 괴테가 말한 대로 "탄탄하게 다져진 영구적인 땅 위에 서 있는 강한 뼈를 가진 자"라고 할 수 있다. 그런 사람에게 삶은 언제나 확실하고 의지의 현상에 불과한 현재 역시 너무도 확실하다. 그러므로 그에게 존재하지 않는 무한한 과거나 미래는 그를 두렵게 할 수 없다. 그는 과거나 미래가 헛된 환상이라는 것을 알기에 태양이나 밤을 두려워하지 않듯 죽음도 두려워할 필요가 없다.

#의지와 표상으로서의 세계

244

나를 뛰어넘어
너에게로

· · · · ·

항상 바라면서 끊임없이 노력하는 대신, 결핍과 고난에서 벗어나고자 버둥대는 대신, 불행이 오지 않기를 바라며 기도를 하는 대신, 그 모든 습관적 바람을 완전히 끊어버린 사람, 경계를 뛰어넘은 사람, 자유인의 삶이란 이런 것이다. 그들은 불행과 행복을 구분하지 않으며, 그 어떤 환상이나 희망을 갖지 않고도 충실히 하루를 살아가며, 어느 누구에게도 바라는 것이 없다.

우리 앞에 진정 무無 외에는 존재하지 않는다. 하지만 우리는 '아무것도 없음'의 상태로 녹아 들어가지 않으려고 저항한다. 이렇게 저항하는 본성이야말로 정확히, 우리 자신이자 바로 우리의 세계인 삶의 의지다. 삶에 '아무것도 없음'을 그토록 질색하는 것은 우리가 의지에 불과하며, 그것 말고는 아무것도 모른다는 사실의 다른 표현일 뿐이다.

나는 주저 없이 고백한다. 우리가 진짜 현실이라고 여기는 바로 이 세계는 태양과 은하수와 다 함께 무無인 것이다.

#의지와 표상으로서의 세계

아무것도 없는 세계에서의
완전한 삶

나를 있는 그대로
받아들이는 철학

쇼펜하우어 철학의 시작

아르투어 쇼펜하우어는 1788년 단치히Danzig의 부유한 상인 가문에서 태어났다. 아버지 하인리히는 그가 가업을 이어 유능한 사업가가 되리라는 기대로, 유럽 대륙의 어느 곳에서도 부르기 쉽도록 이름을 '아서'Arthur라고 지어주었다.

1793년 단치히가 프로이센의 지배를 받게 되자 그의 가족은 함부르크Hamburg로 이주했다. 아버지는 그를 사립직업학교에 보내 경영을 배우게 했지만 어린 시절부터 철학에 관심이 많았던 그는 김나지움 진학에 대한 뜻을 밝혔다. 이를 마땅치 않게 생각한 아버지는 온 가족이 함께 해외여행을 떠나자고 제안했고, 아들을 세계 곳곳에 데리고 다니면서 직접 사업에 대한 안목을 가르쳤다.

1805년에 함부르크로 돌아온 쇼펜하우어는 본격적으로 경영 수업을 받기 시작했지만 얼마 되지 않아 아버지가 창고에서 떨어져 사망한다. 자살로 추정되는 아버지의 갑작스런 죽음에 쇼펜하우어는 큰 충격을 받는다. 아버지보다 스무 살이나 연하였던 어머니 요하나는 낭만주의 풍의 소설을 쓰는 작가였는데 항상 예술가, 문필가 들과 사교 생활을 즐기느라 바빴다. 쇼펜하우어는 이런 어머니 때문에 평소 아버지가 외로워하고 우울해했던 것을 알고 있었기에 어머니를 많이 원망한다. 이러한 감정은 이후 그의 여성에 대한 혐오감의 근원이 된다.

어머니가 아버지로부터 물려받은 유산을 맡긴 은행이 파산하면서 전 재산을 잃고 그에게 도움을 요청하자 그는 거절해버린다. 여행과 사교 생활을 즐기던 어머니는 이로 인해 여행을 중단하고, 글을 써서 생계를 이어가야 하는 힘든 상황에 빠졌고, 쇼펜하우어와 어머니의 관계는 거의 단절되기에 이른다. 하나밖에 없는 여동생도 어머니와 가깝게 지내다 보니 자연스레 쇼펜하우어와 연락을 끊었고, 그는 가족 없이 평생 혼자 살았다.

1809년 쇼펜하우어는 아버지의 뜻이었던 사업가의 길을 포기하고 의학을 공부하고자 괴팅겐 대학교에 입학한다. 하지만 곧 철학으로 전공을 바꾸고 철학교수인 슐체의 권유에 따라 플라톤과 칸트의 책을 정독하기 시작한다. 이것이 쇼펜하우어에게는 결정적인 영향을 끼치게 되었다.

그는 생애 총 6권의 책을 출간했다. 1813년 박사 논문이었던 《충족이유율의 네 겹의 뿌리에 관하여》Uber die vierfache Wurzel des Satzes vom zureichenden Grunde를 출간했고, 괴테와의 우정을 토대로 쓴 논문인 《시각과 색채에 관하여》Uber das Sehn und die Farben는 1816년에 출간했다.

쇼펜하우어가 진정하고 싶었던 작업이었던 대표작 《의지와 표상으로서의 세계》Die Welt als Wille und Vorstellung는 1818년, 그의 나이 30세에 출간했으며, 1844년에는 이 책에 별도의 한 권 분량의 주석을 따로 달아 두 권으로 나누어 개정판을 냈다. 1859년에는 이 두 권을 다시 하나로 묶어 3판으로 출간했다. 그의 세 번째 책 《자연의 의지에 관하여》Uber den Willen in der Natur는 1836년에, 두 개의 다른 논문을 묶어 출간한 《윤리학의 두 가지 기본 문제》Die beiden Grundprobleme der Ethik는 1841년에 출간했으나 이때까지도 쇼펜하우어는 대중에게 널리 알려지지 않았다.

쇼펜하우어 스스로도 자신의 사상은 너무나 창의적이어서 당대에는 이해하기 어려울 것이며 시간이 지나 후대에나 널리 인정받을 것이라고 말하곤 했는데, 그가 63세가 되던 1851년 《소품과 부록》Parerga und Paralipomena을 출간한 후에야 대중에게 알려지기 시작했다. 《소품과 부록》에서 31개의 주제에 대해 그만의 유머감각과 독특한 시각으로 풀어낸 〈부록〉이 영국에서 가장 먼저 대중적인 인기를 끌었고, 점차 대륙으로 널리 읽히면서 뒤늦게 그 진가가 높이 평가되기 시작했다. 이를 계기로 쇼펜하우어가 72세로 사망하기 전까지 약 9년간 갑작스런 유명세를 타게 된다.

쇼펜하우어는 자타가 인정하는 천재였고 이러한 사실을 아낌없이 자신의 저서에서 드러낸다. 특히 대표작 《의지와 표상으로서의 세계》의 서문에 들어 있는 문장은 유명하다. 자신의 책을 이해하려면 우선 플라톤과 칸트 철학을 공부해야 하며, 인도 철학도 알고 있다면 도움이 된다고 하면서 이 책을 두 번 정독하라고 말한다. 게다가 자신의 책은 처음부터 끝까지 하나의 유기체와 같은 성격을 갖고 있어서 인내심을 갖고 끝까지 읽어야지, 그럴 각오가 되어 있지 않다면 읽지 말고 차라리 책꽂이를 장식하거나 티 테이블 위에 전시용으로 올려두라고 한다.

세계는 나의 표상이다

크리스토퍼 제너웨이가 말했듯 "쇼펜하우어 작품의 지위는 다소 불가사의하다." 철학사에서 쇼펜하우어 학파가 존재한 적은 단 한 번도 없었지만 19세기 후반부터 20세기 초반에 이르기까지 그 어떤 철학자보다도 넓게 영향을 끼쳤다.

1850년대에는 쇼펜하우어에 완전히 매료된 바그너가 〈니벨룽의 반지〉, 〈트리스탄과 이졸데〉를 집필했고, 1860년대에는 니체와 톨스토이가, 1880년대와 1890년대에는 토머스 하디와 토마스 만, 프루스트가, 1900년대에는 비트겐슈타인이 그의 저서들을 탐독했다.[1] 실존주의 철학의 주창자로 알려진 니체는 평생 쇼펜하우어를 극복하려고 노력했지만, 쇼펜하우어의 '의지' 개념을 그대로 계승해 발전시킨 것으로 평가된다.

심리학에의 영향도 지대하다. 가장 대표적으로 언급되는 것은 프로이트와 융이다. 프로이트는 '무의식'의 발견자로 알려져 있지만, 실상 '무의식'과 '이드'는 쇼펜하우어의 '의지'에서 온 개념이며, '자아'는 쇼펜하우어가 말한 '오성'과 거의 일치한다.[2] 또한 융은 열일곱 살 무렵부터 줄곧 쇼펜하우어를 읽으며 상당히 많은 감명을 받았다고 직접 말한 바 있다.

쇼펜하우어에게 따라다니는 염세주의 철학자라는 꼬리표는 당시 독일의 지배적이었던 낙관주의적 '관념론'에 대비해 이해해야 한다. 인간은 '이성적 존재'이고 합리적 이성을 통해 그 어떤 극복도 가능하리라 보았던 서양 철학의 주류적 관점인 고전적 합리주의와 주지주의에 그는 반대했다. 오히려 이성을 본능적이고 충동적인 존재인 인간을 합리화하는 데 쓰이는 부수적인 것으로 보았

---

1   크리스토퍼 제너웨이. 2001. 《쇼펜하우어》. 신현승 역. 시공사.
2   토마스 만. 2009. 《쇼펜하우어 · 니체 · 프로이트》. 원당희 역. 세창미디어.

다. 동시에 인간이 그토록 추구하는 것은 기존 철학자들이 보듯 '신을 닮아가는 이상적인 방향'이 아니라 맹목적인 삶의 의지이기 때문에 어리석은 이기심으로 나타나며 헛된 것이라고 보았다. 그런 맥락에서 토마스 만은 쇼펜하우어의 염세주의를 곧 휴머니즘이라고 보았는데 그의 해석은 상당히 설득력이 높다.

쇼펜하우어가 말하는 '의지'란 과연 정확히 무엇을 말하는가? 이에 대한 정의는 《의지와 표상으로서의 세계》의 한국어 번역판 뒷부분에 수록되어 있는 홍성광 선생님의 해설을 참조하는 것이 가장 좋겠다. 쇼펜하우어는 무의식이라는 개념을 직접 언급하지는 않았지만 "의지는 그 자체로 무의식적"이라는 표현을 썼다. 다만 프로이트의 무의식이 주로 인간에게만 한정되어 인간의 의식적 삶을 결정짓는 심리학적 개념이라면 쇼펜하우어의 의지는 인간뿐만 아니라 세계 전체의 내적 본질을 일컫는 형이상학적 개념이다.

쇼펜하우어는 인식 없는 과정에서도 단독적으로 일어나는 의지Wille를 인식에 의해 매개되는 자의Willkür와 구분한다. 생리학의 발전에 따라 의식에 동반되는 행동뿐 아니라 무의식적으로 일어나는 신체 작용도 신경계의 지배를 받는다는 사실이 밝혀지면서 쇼펜하우어의 주장은 자연과학적 근거를 갖게 되었다. 그는 1836년에 《자연에서의 의지에 관하여》를 출간하면서 경험적인 것에서 출발해 형이상학의 핵심에 이르는 서술방식을 통해 자신의 형이상학이 자연과학과 공통의 경계지점을 갖는 유일한 것임을 입증했다. 이 책으로 쇼펜하우어는 자연과학에서 출발해 윤리학에 이르는 모든 학문 영역을 일관되게 조망하는 철학적 체계를 완성했다.

그는 주체에 대해 설명하면서 '눈'에 관한 예를 많이 들었다. 우리는 눈으로 세상을 바라보지만 결코 눈 그 자체를 볼 수는 없다. 거울을 보면서 눈의 모양을 볼 수는 있지만 눈이 눈을 직접 보는 것은 아니다. 그러므로 우리 주체의 본질, 물자체는 결코 주체와 무관하게 존재하는 객관적 대상일 수 없다. 그의 철학은 모두 이것을 설명하기 위함이라고 해도 과언이 아니다.

이 책을 쓰면서 가장 중심으로 놓고 본 자료는 피어슨Pearson에서 출간된 롱맨 라이브러리 프라이머리 소스 인 필로소피Longman Library of Primary Sources in Philosophy 시리즈의 《의지와 표상으로서의 세계》The World as Will and Presentation 1, 2권이다. 이 책이 영문판 중에서 가장 해설과 주석이 잘 정리되어 있다고 판단했다. 그리고 《소품과 부록》Parerga and paralipomena은 두 권으로 완역 출간한 옥스포드 대학 출판부Oxford University Press의 판본과 대중적으로 읽기 편하게 엮어 출간된 펭귄 클래식스Penguin Classics의 책, 두 가지 자료를 기초 텍스트로 삼았다.

국내 출간된 책으로는 홍성광 선생님께서 번역하신 책들을 참고하되, 이동용 선생님께서 쓰신 《쇼펜하우어, 돌이 별이 되는 철학》을 통해 전체적 맥락을 이해하는 데 큰 도움을 받았다.

마지막으로 얄롬의 《쇼펜하우어 치료》The Schopenhauer Cure를 빼놓을 수 없다. 이 책은 쇼펜하우어를 대변하는 가상의 인물을 내세워 그를 치료해가는 내용을 소설로 풀어낸 얄롬의 대표작 중 하나로, 쇼펜하우어의 철학보다는 인간적인 측면에 초점을 맞추어 치료적 시각으로 풀어내고 있지만 쇼펜하우어를 입체적으로 이해하는 데 참조가 될 만한 책이다. 이 모든 책들에 대해서는 참고문헌에 자세히 표기해 두었다.

지금 왜 쇼펜하우어를 읽어야 하는가?

나는 에픽테토스, 세네카, 마르쿠스 아우렐리우스의 말을 정리한 전작 《어디로 가야 할지 모르는 당신에게》에서 대표적 '이성 철학'이라 할 수 있는 스토아철학을 소개한 바 있다. 자기 자신을 다스리기에 현실적으로 도움이 되는 메시지들을 담고 있기에 스토아철학은 비교적 실용적 성향이 강한 영국과 미국에서 근래에 굉장히 각광을 받고 있다. "인간은 벌어진 일 그 자체보다, 그 일에 대한 자신의 생각 때문에 고통스러워한다."는 스토아철학의 핵심 원리는 살면서 맞닥뜨리게 되는 많은 문제들을 이해하고 해결하는 데 도움을 줄 수 있다. 감정적으로 통제가 안 되는 상황을 자주 경험하는 사람들이, 비교적 단기간에 명쾌하게 자신의 나쁜 습관을 대체할 만한 '좋은 습관'을 가짐으로써 삶을 개선할 수 있는 것이다. 불이 났을 때 소화기로 급히 끄듯, 스토아철학은 즉각적으로 문제를 해결하는 데 유용한 지침이 된다. 물론 그 효과를 유지하려면 지속적으로 들여다보고 반복해야 한다.

하지만 그 효과를 떠나 인간의 합리성에 초점을 맞추어 꾸준한 훈련을 통해 완전한 이성적 존재가 되기를 추구하는 스토아철학에 뭔가 빠졌다는 느낌을 지울 수 없었다. 게다가 나는 현대인에게 치료적 기능을 갖는 철학, 치유로써의 철학에 관심을 갖고 있기에 감정을 비교적 덜 중요하게 생각하는 스토아철학은 아쉬운 면이 없지 않았다. 그래서 이와 정반대 지점에 있다고 판단되는, 인간을 비합리적이고 무의식적 '의지'에 지배 받는 존재로 본 쇼펜하우어를 연구하게 되었다.

흥미롭게도 쇼펜하우의 저서에는 스토아철학에 대한 언급이 많은 비중을 차지한다. 결과적으로 보면 '자연의 순리를 따름으로써 신경증적 욕구를 가라앉히는 심리학적 관점'을 제시한다는 점에서 쇼펜하우어와 스토아철학자들의 가치관에는 상당히 많은 공통점이 존재한다. 게다가 27년간 매일같이 규칙적으로 집필과 산책, 독서를 하면서 매우 절제된 생활을 했던 쇼펜하우어의 삶은 그 자체가 스토아적이라 할 수 있다. 하지만 인간을 '완전한 이성'을 추구하면서 대자연을 닮아가는 로고스적 존재로 볼 것인가, 아니면 항상 무의식과 충동, 감정의 지배를 받으며 고군분투하는 의지적 존재로 볼 것인가, 이 두 가지 기본적인 시각의 차이가 쇼펜하우어와 스토아철학자를 구분하는 핵심적 차이라고 말할 수 있다.

내가 쇼펜하우어에 관해 책을 쓰고 있다고 하자, 인간의 이성과 합리성을 굳게 믿고 있는 영국인 철학자 친구들이 의아해하며 왜 하필 쇼펜하우어를 택했느냐고 물었다. 나는 그들에게 이렇게 답했다.

If you want to learn how to control yourself,
Stoicism will suit you,
But if you want to learn how to accept yourself,
then Schopenhauer will be a great choice.
자신을 다스리는 법을 배우고 싶다면
스토아철학이 당신에게 맞을 것이다.
하지만 자신을 받아들이는 법을 배우고 싶다면
쇼펜하우어는 아주 훌륭한 선택이 될 것이다.

스토아철학에 심취해 이를 삶에 접목하는 방법론을 연구해온 나의 친구들 재닉Jannik Lindquist 과 데이빗David Fideler, 줄스Jules Evans 와 패트릭Paddy Ussher, 그리고 괴짜 심리학자 조Seosamh Plowman 에게 감사한다. 나보다 더 많은 책을 이미 읽고 쓴 그들은 내게 끊임없이 영감을 주면서 이 작업을 격려해주었다.

철학과 심리학, 우리는 이 두 개의 아름다운 영역을 오가며 살고 있고, 이 안에서 일을 하고, 공부를 하고, 친구를 사귀며, 함께 성장

한다. 나를 깊게 들여다보게 만든 것은 심리학이었지만, 심리적 한계와 굴레를 뛰어넘어 더 크게 살아가는 법에 대해 생각하는 계기를 마련해주었던 것은 철학이었다. 그런 만남이 가능하도록 이끌어준 많은 스승과 선배, 친구 들에게 깊은 고마움을 전한다.

- Schopenhauer, A. 2008. *The world as will and presentation, Vol. 1.* Translated by R. E. Aquila & D. Carus. Pearson Education, Inc.
- Schopenhauer, A. 2011. *The world as will and presentation, Vol. 2.* Translated by D. Carus & R. E. Aquila. Pearson Education, Inc.
- Schopenhauer, A. 2001. *Parerga and paralipomena: Short philosophical Essays, Vol. 2.* Translated by E. F. J. Payne. Oxford University Press.
- Schopenhauer, A. 1970. *Essays and Aphorisms.* Translated by R. J. Hollingdale. Penguin Classics.
- Wicks, R. 2008. *Schopenhauer.* Wiley-Blackwell.
- Yalom, I. D. 2005. *The Schopenhauer Cure.* HarperCollins.

- 아르투어 쇼펜하우어. 2009. 《의지와 표상으로서의 세계》. 홍성광 역. 을유문화사.
- 아르투어 쇼펜하우어. 2013. 《쇼펜하우어의 행복론과 인생론》. 홍성광 역. 을유문화사.
- 아르투어 쇼펜하우어. 2010. 《충족이유율의 네 겹의 뿌리에 관하여》. 김미영 역. 나남.
- 아르투어 쇼펜하우어. 2012. 《자연에서의 의지에 관하여》. 김미영 역. 아카넷.
- 이동용. 2014. 《쇼펜하우어, 돌이 별이 되는 철학》. 동녘.
- 크리스토퍼 제너웨이. 2001. 《쇼펜하우어》. 신현승 역. 시공사.
- 토마스 만. 2009. 《쇼펜하우어 · 니체 · 프로이트》. 원당희 역. 세창미디어.
- 로버트 L. 윅스. 2014. 《쇼펜하우어의 의지와 표상으로서의 세계 입문》. 김효섭 역. 서광사.

Arthur Schopenhauer